Wolfgang Sawallisch

KONTRAPUNKT

HERAUSFORDERUNG MUSIK

Hoffmann und Campe

Herausgegeben von Eckhart Schmidt

Abbildungsnachweis

EMI/Vivianne Purdom: 5a, 5b; *Anne Kirchbach, München:* 2a, 2b, 2c, 3a, 3b, 3c, 4, 6a, 6b, 7a, 7b, 8, 9, 10a, 10b, 10c, 11a, 11b, 14a; *The Philadelphia Orchestra:* 12a, 12b, 13a, 13b, 14b; *Foto-Sessner, München:* 15; *Sabine Toepffer, München:* 1, 6c, 14c

Die Deutsche Bibliothek – CIP-Einheitsaufnahme

Sawallisch, Wolfgang:
Kontrapunkt: Herausforderung Musik / Wolfgang Sawallisch.
– 1. Aufl. – Hamburg : Hoffmann und Campe, 1993
ISBN 3-455-08532-6

Schutzumschlag- und Einbandgestaltung: Werner Rebhuhn
unter Verwendung eines Fotos von Sabine Toepffer
Gesetzt aus der Baskerville
Satzherstellung: Fotosatz Froitzheim, Bonn
Druck und Bindung: Pustet, Regensburg
Printed in Germany

INHALT

Vorwort des Herausgebers

Nach der Übersetzung ins Italienische und Japanische steht eine englische Übersetzung der 1988 publizierten Wolfgang-Sawallisch-Erinnerungen »Im Interesse der Deutlichkeit« an. Die amerikanische Seite schlug vor, das Erinnerungsbuch um die fünf Jahre bis hin zum Engagement von Wolfgang Sawallisch als Chef des Philadelphia Orchestra zu ergänzen – aus diesem Wunsch ist die Idee eines neuen Buches entstanden, in dem Sawallischs Rückblick nur noch ein Kapitel einnimmt.

Die Bilanz seiner 22 Münchner Jahre ist positiv. Die Probleme, mit denen heute jeder Theaterleiter zwischen New York und Mailand konfrontiert ist, führt Sawallisch auf den neuralgischen Punkt zurück: Welche Rolle soll die Kunst in einer materialistisch ausgerichteten Welt spielen? Welchen Mut zur Freiheit reklamiert sie für sich angesichts größer werdender Restriktionen und »Zwänge«?

»Kontrapunkt« ist über solche kunstpolitischen Aspekte hinaus eine Manifestation des besessen verantwortungsbewußten Musikers Wolfgang Sawallisch, der mehr als zwanzig Jahre lang alle lukrativen Angebote anderer Musikinstitutionen ausgeschlagen hat, um mit unverbrüchlicher Leidenschaft, Phantasie und Kraft »seinem« geliebten Haus zu dienen. Jetzt, im Alter von siebzig Jahren, steht Sawallisch an der Schwelle zu neuen Aufgaben in einem anderen Kontinent.

München, im Sommer 1993 *Eckhart Schmidt*

AUFBRUCH

DIE GROSSE VERSUCHUNG

Nie habe ich daran gedacht, nach meiner Münchner Position, von der ich wußte, daß sie nach dreimaliger Verlängerung des 1969 abgeschlossenen Vertrags 1993 zu Ende gehen würde, noch einmal eine feste Position anzunehmen. 1993, das habe ich immer wieder betont, sollte auf gut bairisch »a Rua sei«. Zu diesem Zeitpunkt würde ich 46 Jahre »im Geschäft« sein – davon vierzig Jahre in Chefpositionen. Vierzig Jahre in der Verantwortung! Das heißt, seit 1953 hatte ich mich um alles kümmern müssen, was ein Orchester betrifft, mich mit allen Möglichkeiten und Problemen eines städtisch oder staatlich subventionierten Apparats herumzuschlagen und diesen immerwährenden Kampf nicht nur um Subventionen zu bestehen gehabt.

Nach einem Jahrzehnt als Leiter eines Opernhauses – und eines nicht gerade kleinen – hatte ich mir schließlich geschworen: Wenn ich einmal siebzig bin, will ich mein Leben genießen. Dann werde ich musizieren, ohne für einen größeren Apparat Verantwortung zu tragen!

Und dann kam alles anders. Genauer: Es trafen da

mehrere Dinge zusammen. Eines Tages flatterte mir ein Brief auf den Tisch, in dem mich zwei Herren aus Philadelphia um einen Gesprächstermin baten. Der eine war der Präsident des Orchesters dieser Stadt, der andere der Chairman of the Board. Es wäre unhöflich gewesen, die beiden Herren nicht zu empfangen, zumal mich seit Jahren angenehme Erinnerungen mit dieser Stadt verbanden. Also haben wir uns getroffen. Das war 1990.

Die beiden Herren erklärten mir, daß Riccardo Muti Philadelphia 1992 verlassen werde. Innerhalb des Orchesters hätte wie stets, wenn ein neuer Musikdirektor zu wählen sei, eine Abstimmung stattgefunden. Man habe die Namen von etwa 200 Dirigenten aufgelistet, die für diese Position vorstellbar wären, und die 120 Musiker hätten sich in geheimer Abstimmung für Sawallisch entschieden. An mich sollte also die erste Anfrage ergehen. Mit diesem Votum und dem ebenfalls einstimmigen Segen des Board ausgestattet, flogen die beiden Herren über den Atlantik, um mir die Chefposition in Philadelphia anzutragen.

»Das kommt ja einem Überfall gleich«, sagte ich. »Ich kann mich unmöglich sofort entscheiden. Ich möchte Sie um Bedenkzeit bitten.«

Ich wußte, nach Philadelphia zu gehen würde eine völlige Neuorientierung meines Lebens bedeuten. Im Alter von siebzig Jahren würde ich den größten Teil meiner Aktivitäten und damit meines Lebens von Europa nach Amerika verlegen müssen.

Andererseits sprach aber auch manches für dieses Angebot. Da war vor allem die Tatsache, daß die Münchner Bühnentechnik 1992/93 wieder erneuert werden mußte, nachdem bereits 1988/89 aus ebendiesem Grund eine ganze Spielzeit bis zum April 1989 ausgefallen war. Ursprünglich war die Schließung des Hauses für den 1. Januar 1993 geplant gewesen, dann mußte sie auf den August 1992 vorverlegt werden. Ich war zwar fest entschlossen, 1993 in München aufzuhören. Aber sollte ich meine Tätigkeit als Chef eines Unternehmens beenden, das sozusagen gar nicht existierte? Als Direktor einer Oper, in der es nichts zu dirigieren und zu disponieren gab? Ich hatte das Ministerium daher gebeten, meinen Vertrag mit dem 31. Dezember 1992 zu beenden, denn ich wollte mich nach 22 Jahren nicht »sang- und klanglos« aus einem nicht funktionstüchtigen Haus verabschieden.

An Philadelphia dachte ich oft und gern. 1966 hatte ich das Orchester als Gastdirigent geleitet. Geprägt durch Eugene Ormandy und vor ihm Leopold Stokowski, gilt es neben Cleveland, Boston, Chicago und New York – den anderen Ostküsten-Orchestern – als einer der fünf Spitzenklangkörper Amerikas.

Frühere Einladungen aus Boston und Cleveland hatte ich nicht wahrnehmen können, da ich immer in einer festen Position gewesen war. Neben meinen Verpflichtungen in Hamburg und Wien hätte ich einfach nicht die Zeit gehabt, auch nur für vierzehn Tage nach Amerika zu fliegen. Erst 1966 ergab sich die Möglichkeit dazu, und so bin ich damals der Einladung nach Philadelphia gefolgt.

Vom ersten Moment an war es eine äußerst harmonische Zusammenarbeit. Natürlich geht jeder Gastdirigent mit einem gewissen Respekt an ein solches Spitzenorchester heran, doch meine Beziehung zum

Philadelphia Orchestra war von Anfang an so, daß ich mir vornahm, jede Einladung von einem anderen Ostküsten-Orchester abzulehnen, um nicht »Verrat« an Philadelphia begehen zu müssen. Sollte ich je wieder Zeit haben, dann nur für das Philadelphia Orchestra! Und daran hielt ich mich. Ich habe dann alle vier, fünf Jahre in Philadelphia dirigiert, und es war immer eine gute Erfahrung.

Das Angebot der beiden Herren aus Philadelphia war also tatsächlich eine große Verlockung. Aber sollte ich meinen Vorsätzen untreu werden? Sollte ich wieder ins Geschirr? Jetzt, mit fast siebzig?

»Sie wissen, wie alt ich bin«, sagte ich den beiden Emissären. »Ich kann Ihnen nicht wie Stokowski und Ormandy dreißig Jahre und mehr oder wie Muti wenigstens zehn Jahre garantieren. Andererseits möchte ich aber auch kein Übergangsdirigent sein, sozusagen eine Interimslösung, bis Sie einen jüngeren gefunden haben.«

»Uns ist das alles klar. Wir möchten trotz Ihrer Bedenken eine feste Zusammenarbeit mit Ihnen, am liebsten würden wir einen Zehn-Jahres-Vertrag abschließen!« erklärten sie, ehe sie abreisten.

Kurze Zeit später kamen sie wieder nach München. Sie trugen mir das Angebot noch einmal vor, noch beredter: »Wir bauen auf Sie, wir denken nicht daran, andere Dirigenten in unsere Überlegungen einzubeziehen. Für den Fall, daß Sie absagen, stehen wir mit leeren Händen da, denn wir haben keine Alternative. Wir haben kein Votum für einen Dirigenten Nummer zwei oder Nummer drei. Unsere Aufgabe ist es, Sie und niemanden sonst zu engagieren!«

Zugegeben, es war für mich ein schönes Gefühl, auf solche Voraussetzungen zu treffen. Trotzdem wollte ich – wenn überhaupt – höchstenfalls einem Drei-Jahres-Vertrag zustimmen.

Ein wenig schien es freilich auch das zu sein, was man einen Wink des Schicksals nennt. Da werde ich gefragt, ob ich 1993 Chef eines Orchesters werden wolle, und genau zu dieser Zeit bin ich frei von anderer Verantwortung... Es war wie ein Zeichen, das zu bedeuten schien: Hier geht es weiter.

Ein ganz wesentlicher Punkt in meinen Überlegungen war, daß ich mit administrativen Dingen nie mehr etwas zu tun haben wollte. Mich interessiert einfach nicht mehr, wie dieses oder jenes Vorhaben zu finanzieren sei. Zu lange habe ich in München »betteln« gehen müssen, um zusätzliche Gelder für größere oder schwierigere Projekte aufzutreiben.

»Selbstverständlich! Damit werden Sie nichts zu tun haben. Tragen Sie alle Ihre Wünsche an uns heran, und wir sorgen dafür, daß die nötigen Mittel zur Verfügung stehen!«

Anläßlich eines Essens, bei dem mich die beiden Herren noch einmal eindringlich um meine Entscheidung baten, sagte ich schließlich ja. Künstlerische Motive vor allem waren für diesen Entschluß ausschlaggebend. Ich hätte den Wechsel bestimmt nicht auf mich genommen, wenn es sich um irgendein Orchester gehandelt hätte. Bereits 1966 – Eugene Ormandy hatte mich in Europa gesehen und gehört und mich deshalb als Gast nach Amerika geholt – hatte man mir dort ein verlockendes Angebot gemacht. Ormandy sagte: »Ich gehe jetzt auf die Siebzig zu und möchte mich allmählich ins Privatleben zurückziehen. Ich mache das hier nur noch so lange, bis ich glaube, daß ein geeigneter Nachfolger da ist, der die Linie, die mir vorschwebt, fortsetzen kann. Habe ich ihn gefunden, gebe ich die Position ab: Wollen Sie mein Nachfolger werden?«

Sogar meine Frau hat er »in die Mangel« genommen, um mich zu einer Zusage zu bewegen. Ich habe damals abgelehnt, weil ich vertraglich bis 1970 an Wien und Hamburg gebunden war. Und dann kam durch den plötzlichen Tod von Joseph Keilberth die Verpflichtung nach München. Chef und musikalischer Leiter der Bayerischen Staatsoper zu werden, das hatte für mich als Münchner natürlich Vorrang; das war eine Spitzenposition, der ich unbedingt zustimmen mußte und wollte.

Doch jetzt, nach all den Jahren in München, Wien, Hamburg und Genf als Chef, konnte ich das Philadelphia-Engagement als konsequente künstlerische Weiterführung einer Dirigentenkarriere betrachten. Es ist wunderbar, zum Abschluß eines Dirigentenlebens mit der Führung eines Welt-Spitzenorchesters beauftragt zu werden. Warum also nicht eine neue Erfahrung machen? Warum nicht einen Teil des Jahres in Amerika verbringen? Und trotzdem die alten Freunde in Rom, Mailand, London, Wien, Paris, Japan nicht aufgeben zu müssen! Das schien mir eine Herausforderung, der ich mich stellen wollte.

NEUE AKZENTE

Ein gewichtiges Argument bei meinem Ringen um eine Entscheidung war die Möglichkeit, mich künftig auf die Konzertliteratur konzentrieren zu können. Ich habe in den letzten zwanzig Jahren alle Opern von Richard Strauss – bis auf drei – immer wieder dirigiert; ich habe die großen Opern von Mozart und alle Werke von Wagner dirigiert; ich habe Verdi und Puccini, Hindemith und Cornelius gemacht... Die Beschäftigung mit der Oper, den Sängern, der Regie-Problematik, das alles hat mir in den Münchner Jahren so viel Zeit geraubt, daß im Vergleich damit das Konzertrepertoire zu kurz kam. Ich habe viel weniger Konzerte dirigiert als in den Jahrzehnten davor. Und jetzt gezwungen zu werden, mich mit der Konzertliteratur erneut auseinanderzusetzen, mich mit Beethoven, Bruckner, Brahms, Mozart, Dvořák und allen anderen Komponisten noch einmal intensiv zu beschäftigen, mir darüber – ungestört – Gedanken zu machen bzw. moderne zeitgenössische amerikanische Kompositionen kennenzulernen, ein neues Gesichtsfeld der Musik zu entdecken und den eigenen Horizont zu erweitern, das schien mir eine verlockende Aufgabe.

Gleichzeitig bedeutet das Philadelphia-Engagement auch eine Öffnung zu mehr Internationalität. Die Münchner Oper hatte zwar Gastspiele an der Mailänder Scala, in Rom, London und Berlin sowie in Japan gegeben, aber mit dem Philadelphia Orchestra ist jährlich eine mindestens dreiwöchige Tournee vereinbart, die jedesmal in andere Teile der Welt führt. Ein Vorteil ist, daß man die Programme ein ganzes Jahr lang aufbauen und dann am Ende der Philadelphia-Saison – Anfang Mai gehen die Abonnementsreihen dort zu Ende – eine große Tournee machen kann. 1993 waren wir beispielsweise in China, Japan und Hongkong. 1994 gehen wir nach Südamerika, wo ich noch nie war. 1995 führt die Tournee zu europäischen Festspielorten. Und für 1996 ist ein Beethoven-Zyklus in Japan geplant. Mit einem Top-Orchester an den Spitzenplätzen der Welt aufzutreten ist eine echte Herausforderung.

All dies wird auch Auswirkungen auf meine Schallplattenproduktionen haben. Ich habe meinen Exklusivvertrag mit EMI erneuert, doch zielt er nunmehr auf eine zyklische Arbeit hin: So wird es einen Brahms-Zyklus, einen Beethoven-Zyklus, einen Dvořák-Zyklus geben. Zwischen dem Philadelphia Orchestra und der Plattenfirma ist eine Vereinbarung für eine bestimmte Anzahl von Produktionen getroffen worden, so daß ich die Hauptwerke, die ich mit dem Orchester erarbeitet habe, dann auch aufnehmen kann. So werde ich neben einigen Sinfonischen Dichtungen von Richard Strauss sein Violinkonzert, das Oboenkonzert und die Burleske für Klavier und Orchester einspielen.

Die Abstimmung über die Programme findet statt zwischen dem Präsidenten des Orchesters, Joe Kluger, und dem Vizepräsidenten bzw. General Manager, Judith Frankfurt. Beide verfügen über eine große musikalische Bildung, kennen das Repertoire in- und auswendig; mit beiden ist phantastisch zu arbeiten. Einmal jährlich ist eine Zusammenkunft mit dem Artistic Committee vorgesehen, das sind fünf vom Orchester ausgewählte Musiker. Mit ihnen wird zum Beispiel diskutiert, welche Solisten auftreten und welche Gastdirigenten verpflichtet werden sollen. Die Entscheidung über alle diese Fragen obliegt zwar mir als dem musikalischen Direktor, aber ich finde es interessant, neue Namen und neue Aspekte kennenzulernen, denn keiner ist heutzutage gleichermaßen über alles informiert.

Auch bei der einzigen vertraglichen Vorbedingung – ich habe mich verpflichtet, amerikanische Musik in meinen Programmen zu berücksichtigen – wird mir völlig freie Hand gelassen. Ich habe die Freiheit, anzusetzen, was und wen ich will. Auf meinen Wunsch hin hat man eine Liste von Werken erstellt, die in Philadelphia noch nie oder seit zwanzig, dreißig und mehr Jahren nicht mehr aufgeführt worden sind. Das ist eine hochinteressante Lektüre und eine wichtige Entscheidungshilfe für den Konzertplan.

Ein erstaunliches Phänomen ist, daß große Werke der Weltliteratur auf dieser »Versäumnisliste« auftauchen. Andererseits hätte mich das nicht überraschen dürfen, denn so etwas gibt es praktisch überall. Da denkt man zum Beispiel, die 5., 6. und 7. Symphonie Beethovens seien regelrecht zu Tode geritten, und stellt dann, wenn man die Programme der großen Orchester anschaut, fest, daß diese Werke seit zehn Jahren und mehr nicht mehr gespielt worden sind. Nicht anders ergeht es der 3. oder 4. Symphonie von Brahms, der C-Dur-Symphonie von Schubert oder der Symphonie fantastique von Berlioz. Große, uns selbstverständlich erscheinende Werke der Konzertliteratur werden – trotz der Vielzahl der Programme – oft eine ganze Generation lang nicht gegeben. Natürlich stehen bei jedem der großen Konzerte mindestens zwei verschiedene Komponisten auf dem Programm; wichtige, zum Verständnis späterer Werke notwendige Kompositionen aber sind manchmal in den Programmen von mehreren Jahrzehnten nicht vertreten.

Und das, obwohl man bei der Programmplanung, wie gesagt, zunächst einmal von Listen ausgeht, auf denen kontrollierbar ist, welche Stücke lange Zeit nicht gespielt worden sind. Trotzdem werden wichtige Werke oft von Jahr zu Jahr verschoben und schließlich »vergessen«.

ARBEIT MIT EINEM SPITZENORCHESTER

Wir sprechen gern in Superlativen – oft sogar dann, wenn sich nicht sehr viel dahinter verbirgt. Im Falle des Philadelphia Orchestra trifft die Bezeichnung Spitzenorchester nun einmal wirklich zu. Was aber macht das Wesen dieses Orchesters aus?

Zunächst einmal ist das Philadelphia Orchestra einer der am schnellsten reagierenden Klangkörper, mit denen ich bisher gearbeitet habe. Auch bei weitgehend unbekannten und zum Teil zum allerersten Mal gespielten Werken ist es phantastisch zu beobachten, mit welcher Schnelligkeit das Orchester »liest« – und zwar Noten aller Art; das reicht von Händel bis zu zeitgenössischen Komponisten. Es besitzt eine ungeheure Spielbreite, ein sehr schnelles Verständnis im Erfassen einer ungewohnten Spielart. Und es hat eine enorme klangliche Intensität, vor allem in den Streichern. Vom Pianissimo bis hin zu den stärksten Ausbrüchen und intensivsten Klangballungen kann man alle Schattierungen von diesem Orchester erwarten, ohne viel Gerede und ohne lange darum ringen zu müssen. Dazu kommt die frappierende Intonationssicherheit, der wunderbare Klang der Blechbläser. Und es herrscht – das ist vielleicht der Hauptpunkt – im Konzert eine Spielbereitschaft und Spielfreude, die hinreißend sind. Alles geht in die Konzentration, das Beste zu geben.

Zum Teil ist das sicher darauf zurückzuführen, daß die Einstellungsbedingungen für junge Musiker hier wesentlich kritischer, wesentlich höher gesteckt sind als bei uns. Ich habe das gerade bei einem Probespiel für eine vakante Position in der ersten Geige miterlebt.

Die Motivation der Musiker ist begeisternd, ebenso ihre Disziplin. In dem Moment, in dem abgebrochen wird, herrscht absolute Ruhe, da gluckert oder zwitschert keiner nach – man kann konzentriert das sagen, was zu sagen ist, und es wird sofort aufgenommen und umgesetzt. Es ist also für den Dirigenten eine Freude, mit diesen Musikern etwas zu erarbeiten.

Auf mich als Leiter des Orchesters kommen nun freilich auch Fragen struktureller Art zu, die es zu lösen gilt und die sozusagen das Innenleben dieses wunderbaren Klangkörpers betreffen. Grundsätzliche Unterschiede der Vertragsgestaltung mit den Musikern zwischen den hiesigen Gepflogenheiten und dem System in den USA zwingen mich in manchem zum Umdenken. Es ist nun einmal eine Tatsache, daß es in den Staaten im Vergleich zu uns ein weit weniger abgesichertes Sozialnetz für die späteren Jahre des Lebens gibt. Ein Musiker in einem deutschen Orchester, der weiß, daß er spätestens bei Erreichen des 65. Lebensjahres seinen Platz einem jüngeren Kollegen überlassen wird, hat seit Eintritt in das Berufsleben automatisch einen monatlichen Beitrag in die Altersversorgung bezahlt. Das ist ein Pflichtabzug von seinem

Gehalt. Im Laufe seiner aktiven Tätigkeit kann er sich ausrechnen, welche Bezüge er nach seinem Ausscheiden zu erwarten hat. Das führt zu einer – ob zu Recht oder nicht – inneren Einstellung, die manchmal in den rasch hingeworfenen Sätzen gipfelt: Mein Gott, bin ich froh, wenn ich in soundsoviel Jahren endlich diesen »Streß« des täglichen »Dienstes« hinter mir habe... Dann mach' ich mir aber ein Leben!

Diese Einstellung hat mich immer ein wenig geärgert. Ein Musiker sollte sich, wenn er diesen Beruf ergreift und viele Jahre seiner Jugend auf das Studium und das Erlernen eines Instruments verwendet, um als Ergebnis dieser Ausbildung in ein Orchester eintreten zu können, doch eigentlich freuen, daß seine Liebe zur Musik – und die möchte ich zunächst einmal voraussetzen – durch eine Mitwirkung in einem Orchester bestätigt wird. Er weiß auch von Anfang an, daß er sich durch eigene Qualifikation in ein Spitzenorchester emporarbeiten kann, um seinem gesetzten Berufsziel möglichst nahe zu kommen. (Falls er nicht solistisch tätig sein will.) Wenn ich auch verstehe, daß im Laufe der Jahre und Jahrzehnte – hervorgerufen durch die verschiedensten Äußerlichkeiten in einem Orchester – diese anfängliche Intensität und die Freude an der Musik verblassen können, es dürfte das Gefühl niemals schwinden, sich einem Beruf verschrieben zu haben, der einmal eine innere Befriedigung zur Folge haben sollte. Wie anders als durch Musik ist er in der Lage, Emotionen sozusagen nach außen abzureagieren und die Ausübung nicht als »Dienst« zu empfinden. (Ein Wort, das ich immer zu vermeiden versucht habe.)

Kurzum, die zu erwartende Pension und die Auswirkungen der Rückzahlung sonstiger investierter Beiträge zur Altersversorgung eröffnen dem Musiker in Deutschland freundliche Aspekte zur Bewältigung des Lebens nach dem Ausscheiden aus einem Orchester. Dazu kommt, daß er ja weiterhin noch musizieren oder Stunden geben kann.

Anders – völlig anders – die Situation in den USA. Die innere Einstellung zur Arbeit, zum Alter, zur eigenen Kapazität ist durch das Fehlen einer gesetzlichen Altersversorgung und eines Ausscheidenmüssens aus Altersgründen von vornherein konträr zur hiesigen Mentalität. Diese innere Einstellung heißt zunächst einmal: aktive Tätigkeit, solange ich gesund bin. Dadurch ist auch die Freude am Beruf – sprich: an der Musik – gewährleistet. Das spürt man, das drückt sich in der Bereitschaft zu musizieren aus.

Eine Pension wie hierzulande existiert also nicht. Nur Zuwendungen aus dem eigenen Orchesterfonds sind zu erwarten. Dafür veranstaltet die Association jährlich eigene »pension found concerts«, deren Erträge dazu dienen, einem ausscheidenden Kollegen den Übergang von der vollen Bezahlung zu einem weiteren – allerdings erheblich geringeren – Einkommen zu erleichtern. Auch aus diesem Grund wird der Musiker also danach streben, seine aktive Tätigkeit so lange wie nur möglich auszudehnen.

Ich unterstütze diese Tatsache sehr. Sie garantiert einen weit intensiveren Einsatz. Eine Bemerkung allerdings möchte ich mir aber doch erlauben: Mir erscheint dadurch die Chance geringer, durch äußerlich bedingte Notwendigkeiten, zum Beispiel einen Wechsel, einen Anreiz für junge Musiker zu schaffen, die sich für eine Position interessieren und die alle Anstrengungen unternehmen, gerade für diese Stelle sich vorzubereiten und zu arbeiten. Niemand weiß je, wann eine Position frei wird. Freilich sind die Möglichkeiten in den Staaten, schon durch die Größe des Landes, zahlreicher für jedermann. Um Vor- und Nachteile der »Systeme« richtig erfassen zu können, werde ich allerdings noch mehr Erfahrungen »an Ort und Stelle« sammeln müssen.

In der täglichen Praxis habe ich bisher jedenfalls nur positive Erfahrungen gemacht. Präzision, Detailversessenheit, die Umsetzung von Wünschen und Korrekturen – all das gehört nun einmal zu einem Spitzenorchester. Ich werde im Zusammenhang mit der Probenarbeit noch einmal darauf zurückkommen.

EIN PROGRAMM
FÜR PHILADELPHIA

DEUTSCHES REPERTOIRE?

Anläßlich der Tatsache, daß mit meinem Antritt der Chefposition in Philadelphia ein weiterer deutscher Dirigent die Leitung eines amerikanischen Spitzenorchesters übernimmt – eine Situation, wie es sie auch in den vergangenen Jahrzehnten immer wieder gegeben hat –, wurden Befürchtungen laut, die Programmgestaltung generell könnte eine noch stärkere Hinwendung zum sogenannten »deutschen Repertoire« erfahren.

Dazu ist zu sagen: Wenn man die Konzertprogramme aller Orchester der Welt betrachtet, kommt man, vor allem bei den Programmschwerpunkten, unvermeidlich zu einem überwiegenden Anteil auf Namen aus dem deutschsprachigen Raum. Bach und Haydn, Mozart und Beethoven, Brahms und Bruckner, Schubert und Schumann und Mendelssohn, Mahler und Strauss, Weber, Wagner und Liszt – ihre Kompositionen werden zwangsläufig immer im Mittelpunkt der Konzertprogramme stehen.

Was wäre die Alternative zu diesen Meistern und ihren Werken? Das italienische Konzert-Repertoire für großes Orchester ist so gut wie nicht existent, sieht man von Komponisten wie Respighi, Busoni und Casella ab. Das französische Repertoire wird letztlich nur bestimmt von Berlioz, Ravel und Debussy. Und das russische? Es ist hinreichend bekannt und beherrscht ebenfalls zu einem hohen Prozentsatz das heutige Konzertgeschehen …

Ich denke: Bei einem Beethoven-Werk oder beispielsweise bei Webers »Euryanthe«-Ouvertüre, einer Komposition, die alle Orchester als brillantes Eröffnungsstück im Repertoire haben, stellt sich die Frage nach dem »Deutschen« nicht, genausowenig wie sich beim »Römischen Karneval« von Berlioz die Frage nach dem »Französischen« stellt. Das sind Juwele der internationalen Musiksprache. In diesem Zusammenhang nach dem nationalen Ursprung zu fragen ist meines Erachtens grotesk.

Auch wenn Richard Strauss nicht von allen Orchestern dieser Welt in gleicher Weise geliebt ist, so wird er doch wegen der Farbigkeit der Instrumentation, der Anlage, der Intelligenz, der Spritzigkeit der Musik, der Aufgaben, die er an den einzelnen Musiker stellt, auf der ganzen Welt gern gespielt. Ich glaube, er wird von den amerikanischen Musikern gar nicht mehr als »deutscher« Komponist, sondern als internationaler Musiker und Meister geschätzt.

AUFTAKT MIT HUMOR: DIE »SINFONIA DOMESTICA«

Es gibt drei Werke von Richard Strauss, die einen ganz bewußten und speziellen Bezug zu seinem Leben haben. Das eine ist die Oper »Intermezzo«. Sie handelt vom Leben eines Komponisten namens Storch, seiner Frau, dem Kind und der Skatrunde. Dann gibt es ein Werk, das ihn kompositorisch als Helden zeichnet – das »Heldenleben«, und schließlich die »Sinfonia domestica«, die schildert, was sich im Leben und im Hause des Komponisten Richard Strauss kurz nach der Geburt seines Sohnes Franz so alles abspielt.

Strauss selber hat in seiner Partitur das erste, zweite und dritte Thema unmißverständlich programmatisch gebaut. Das erste Thema versinnbildlicht den Vater, also Richard Strauss, das zweite die Frau, also Pauline, und das dritte das Kind, den »Bubi«, der gerade geboren war. Strauss hat das Stück am 31. Dezember 1903 in Charlottenburg beendet. Er war damals vierzig Jahre alt.

Es ist ausgesprochene Programmusik, ohne daß dieses Programm Worte bräuchte. Das Programm ist die Musik. Nun hat Strauss vor der Drucklegung aber alle persönlichen Bemerkungen, die er ursprünglich für das Stück skizziert hatte, bis auf ganz wenige entfernt. Die Anmerkungen, die übriggeblieben sind, wirken eher verwirrend, wenn man sie so liest und keinen näheren Bezug zu dem Stück herstellen kann.

Bei den drei Themen für die Familienmitglieder, den Vater, die Mutter und das Kind, sind das Vater- und das Mutterthema in sich verwandt. Beide Themen bestehen nur aus drei Noten. Das eine führt von unten nach oben, das andere ist seine Umkehrung. Das dritte Thema – es wird von der Oboe d'amore zum erstenmal dargestellt – ist ein freieres, etwas längeres Thema, das in den verschiedenartigsten Varianten, tempo- und ausdrucksmäßig sowie von der Länge der Noten her, wiederkehrt. Es ist nicht leicht zu erkennen, daß es sich immer wieder um dieselbe Tonfolge handelt. Erst bei genauerem Hinsehen oder Zuhören stellt man fest, daß es die gleichen Noten sind – nur in anderer rhythmischer Abfolge.

Der häusliche Alltag wird erzählt. Die Diskussion zwischen Vater und Mutter, etwa darüber, wie das Kind später einmal erzogen werden soll. Das Thema des Kindes erscheint. Die Verwandtschaft taucht auf und schaut in die Wiege. Die Tanten sagen, der Kleine sehe genauso aus wie der Vater. Die männlichen Verwandten meinen, er sei ganz die Mutter. An diese Stelle setzt Strauss das eigentliche Scherzo-Thema, als ob das Kind sagen wollte: »Ich bin ich! Was immer ihr über mich sagt, ich bin ein selbständiges Wesen, das euch alle nicht braucht!« Die Oboe d'amore beginnt mit dieser Tonfolge, wiederum aus den Intervallen des dritten Themas.

Musikalisch gesehen kommt es zu einem Dialog zwischen den Themen Vater und Mutter, zunächst in sehr freundlicher, konzilianter Form. Dann vernimmt man, wie der Vater seine Vorstellungen dezidierter durchzusetzen versucht. Eine zornige Antwort der Frau ist die Folge. Eine heftige Diskussion entbrennt: über das Kind, über den Tagesablauf. Sie mündet in den beruhigenden Moment, an dem die Eltern glauben, das Kind schliefe ein. Aber weit gefehlt: Es fängt plötzlich an zu schreien. Alle drei Themen beginnen musikalisch gegeneinander zu kämpfen. Der Vater pocht auf sein Recht, die Mutter auf das ihre, das Kind steht zwischen beiden – es ist im Prinzip immer dieselbe musikalische Struktur.

Bis es allmählich Abend wird. Ein Wiegenlied wird angestimmt. Am Ende dieser sanften Melodie ertönen die Glockenschläge der siebenten Abendstunde, und mit ihr kehrt nun wirklich Ruhe ein. Es wird dann, wie bei Richard Strauss so häufig – ähnlich ist es auch in »Ein Heldenleben« –, der Zustand der Nacht geschildert. Die Liebesstunde des Elternpaars. Das Kind spielt im Moment keine Rolle mehr. Alles konzentriert sich auf die Themen von Vater und Mutter, eine wunderbare Episode der Ruhe und der Ausgeglichenheit ... Das weibliche Thema hat dabei, in veränderter Form, die Überhand, das männliche Thema erscheint relativ selten. Schlafenszeit.

Rein symphonisch gesprochen, würde man sagen, dies ist nach der Einleitung (1. Satz) und dem vorgezogenen Scherzo der langsame Mittelsatz, der ins Finale überleitet. Am Ende dieses Mittelsatzes steht eine wunderschöne Phrase, eine Situation, wie sie jeder von uns schon erlebt hat, wenn er in der Frühe aufwacht, noch halb im Dämmerzustand daliegt, sich vielleicht an einen Traum erinnert, auf die Uhr schaut und feststellt, daß er noch eine halbe Stunde liegenbleiben kann, sich auf die andere Seite dreht, ein bißchen wegdämmert – dieser Schwebezustand zwischen Wirklichkeit und Unwirklichkeit wird hier Musik. Bis dann die Glocke mit sieben Schlägen ankündigt, daß der Tag beginnt.

Er beginnt sehr rasant. Der Vater ist der erste, der aufsteht, wie deutlich zu hören ist. Es folgt eine fast mechanische Bestandsaufnahme dessen, was jeden Morgen geschieht. Man geht ins Bad. Man frühstückt. Alles ohne große Diskussion, in Gestalt einer strengen Doppelfuge. Das Kind steht jetzt wieder im Mittelpunkt, alles dreht sich um den Kleinen. Vater und Mutter gehen den Tag an, unterbrochen vom Geschrei des Kindes. Neue Hektik, weil der Vater nicht arbeiten kann. Die Eltern fangen zu streiten an, das Kind brüllt, der Vater will endlich seine Ruhe, alles mündet in ein Chaos – orchestral drückt sich das durch drei übereinandergelagerte Tonarten aus. Das Durcheinander entschärft und beruhigt sich wieder. Ans Ende setzt Strauss dann dieselbe Phrase, wie sie am Anfang erklang, nur matter, als wollte er ausdrükken: Jetzt reicht's!

Von diesem Punkt an ist der musikalische Ablauf sehr einfach. Ein Volkslied erklingt, das aus den Noten des Kind-Motivs zusammengesetzt ist.

Gegen Schluß des Stückes wird dann das Drei-Noten-Motiv des Vaters immer häufiger; der Vater setzt sich durch, die motivischen Einwände der Frau sind kaum mehr wahrnehmbar. Im turbulenten Finale steht dann kurz vor Schluß, nach einer Fermate der Trompete, der ganz schüchterne Einwand der Frau, das auf der Flöte gespielte »weibliche« Thema: Darf ich noch einmal etwas sagen, ich bin schließlich auch noch da?! Darauf antworten ganz massiv Posaunen und Kontrabässe mit dem Vater-Thema. Das Stück klingt aus mit dem Kind-Thema, auf den Trompeten bis zum hohen C hinauf. Das allerletzte ist dann die Unterschrift »Richard Strauss«, die drei letzten Töne, das Thema des Mannes. Damit ist besiegelt, wer der Herr im Haus ist.

Den größten Teil dieser »Domestica«-Geschichte hat Richard Strauss in seinen ersten Skizzen selbst dargelegt, trotzdem kann sich bei der »Sinfonia domestica« jeder selbst ausmalen, wie er die Themen interpretieren und dem Orchester erläutern will. Zum besseren Verständnis, zum Erschließen des Werks – und dies ist nicht ganz einfach –, ist es, glaube ich, hilfreich, diese musikalischen Gegebenheiten zu erkennen, zu hören, zu empfinden. Wer dazu nicht bereit ist, hat es sicher schwerer als bei einem »Don Juan«, »Till Eulenspiegel«, »Don Quixote« oder »Also sprach Zarathustra«, denn da ist das ganze Werk mehr oder weniger unter ein Motiv gestellt, das Motiv einer großen Gestalt, während die »Sinfonia domestica« nicht von großer Kultur- oder Weltgeschichte ausgeht, sondern sich als kleine Familienangelegenheit begreift. Nutzt man die Hinweise zu diesem Stück, und ist man bereit, sie auf die Musik anzuwenden, dann wird man viel Vergnügen an diesem Werk haben. Ignoriert man die Bedeutung der drei wichtigen Themen und die daraus gearbeiteten Motivfolgen – dann könnte manchmal eine gewisse Langeweile entstehen, weil man die Motive als lediglich aneinandergereiht empfindet und nicht wirklich realisiert, daß das zweite Motiv eben identisch mit dem ersten ist, nur tempomäßig anders ausgedrückt.

Da ich, wie erwähnt, mit dem Philadelphia Orchestra für EMI einige Sinfonische Dichtungen aufnehmen will, überlegten wir: Mit welchem Werk fangen wir an? Beginnen wir mit »Ein Heldenleben«, dem »Don Juan«, mit »Zarathustra« oder eben mit der »Domestica«? Aus ganz pragmatischen Überlegungen, die auch mit der Tournee und mit der in der Tokyoter Suntory Hall erfolgten Einspielung zu tun hatten, haben wir uns dann für die »Sinfonia domestica« entschieden.

Die »Sinfonia domestica«, mit musikalischem Charme und Witz umgesetzt, das ist Programmusik allererster Qualität. Strauss selbst hat nie geleugnet, daß er diesen Weg von seinen großen Vorbildern Berlioz und Liszt übernommen hat. Er hat keine Sinfonie von Bedeutung komponiert, dafür aber zählen auf dem Konzertsektor seine Sinfonischen Dichtungen.

BEETHOVENS
3. KLAVIERKONZERT

Maurizio Pollini war für das Beethoven-Klavierkonzert bereits engagiert, bevor ich zusagte, im Frühjahr 1993 die Konzerte in Philadelphia und New York zu dirigieren. Daß der Auftakt mit Pollini stattfinden sollte, war mir eine große Freude, denn mich verbindet mit ihm seit Jahren eine sehr enge musikalische Freundschaft. Einen Künstler wie Pollini in Beethovens 3. Klavierkonzert zu begleiten, ist etwas Besonderes.

Eine langwierige musikalische Abstimmung ist zwischen uns nicht notwendig. Wir kennen einander von vorangegangenen Konzerten so gut, daß wir eigentlich sagen können, wir sprechen dieselbe Sprache. Wir haben, denke ich, dieselben Vorstellungen von dem, was Beethoven wollte. Die geringfügigen Wünsche, die jeder hat, sei es der Solist oder der Dirigent, teilt man sich während der Proben an den entsprechenden Stellen mit. Das nimmt meistens nicht mehr als ein paar Sekunden in Anspruch. Er fragt vielleicht: »An dieser Stelle, wo Dutzende andere ein kleines Einleitungs-Ritardando spielen, da würde ich gern keines spielen, einverstanden?« Ich kann zustimmen, weil auch mich dieses Ritardando schon immer gestört hat, oder ich sehe es eben anders und habe überzeugende Argumente für meinen Standpunkt. Oder man diskutiert zum Beispiel über das Tempo des langsamen Satzes: »Empfinden Sie das wirklich als Largo?« Es sind letztlich kleinere Auslegungswünsche, die man gemeinsam bespricht und je nach gegenseitiger Übereinkunft in die Tat umsetzt.

Das 3. Beethoven-Klavierkonzert, 1800 bis 1802 entstanden, und die »Sinfonia domestica«, ziemlich genau hundert Jahre später uraufgeführt, standen mehr oder weniger zufällig nebeneinander in meinem ersten Philadelphia-Programm.

Das 3. Klavierkonzert ist eines der bedeutendsten klassischen Stücke. Es steht so monolithisch für sich, daß es gleichgültig ist, ob ich am Anfang einen Luigi Nono und am Ende einen Schostakowitsch oder am Anfang einen Carl Maria von Weber und danach einen Richard Strauss spiele.

Es ist einfach ein großartiges Stück Musik. Der langsame Satz gehört für mich zu den schönsten Momenten in der gesamten Musikliteratur. Bei Mozart ähneln sich viele seiner Klavierkonzerte ein wenig, bei Beethoven – und das ist mit ein Geheimnis seiner Musik – hat das 1. mit dem 2. und das 2. mit dem 3. Konzert usw. nichts zu tun.

Als Musikgeschichtler könnte man vielleicht anmerken, daß das 3. das erste unverwechselbare, selbständige Klavierkonzert Beethovens ist, das auch in seiner Entwicklung einen Markstein bedeutet, während die beiden vorangegangenen noch etwas vom Geist eines Haydn oder Mozart geprägt sind. Das sind Fragen, die mich aber nur am Rande tangieren. Vor allem wäre es in meinen Augen falsch, Wertungen vorzunehmen und – wie manchmal geschehen – etwa das 4. Klavierkonzert als das »musikalisch wertvollste« über die anderen zu stellen.

Vielleicht begeistert mich das 3. Klavierkonzert auch immer wieder besonders, weil ich dieses Konzert in meiner Studienzeit als eines der ersten selbst einstudiert und gespielt habe. Als mir meine Lehrerin damals sagte, wir müßten uns jetzt der Konzertliteratur zuwenden, schauen wir uns doch einmal die Beethoven-Konzerte an, da habe ich mich spontan für dieses Werk entschieden. Erst danach studierte ich das 1. und dann das 4. Klavierkonzert.

Ich glaube, man sollte – gerade beim 3. Klavierkonzert – als Dirigent den Klavierpart genauso gut kennen wie der Pianist. Nur dann ist nachvollziehbar, welchen Weg die verschiedenen Solisten gehen. Ich habe dieses Konzert Dutzende Male mit den unterschiedlichsten Solisten interpretiert – von Claudio Arrau über Jörg Demus bis Emil Gilels. Man muß es wirklich sehr gut kennen oder selber schon studiert und gespielt haben, um als Dirigent alle Arten und Unarten der Solisten, die da auf einen zukommen, charmant überbrücken zu können. Nicht bei Künstlern wie Pollini, Gilels oder Arrau, da geht es um die grundsätzliche Einstellung. Arrau zum Beispiel nahm den 2. Satz unglaublich langsam – aber er füllte ihn so intensiv aus mit seiner pianistischen Kunst, daß man es akzeptieren mußte und gerne akzeptiert hat.

Umgekehrt gilt aber ebenso: Solisten sollten nicht nur ihren Klavierpart kennen, sondern auch die Partitur. Sie legen manchmal Tempi vor, die kein Musiker im Orchester mehr spielen kann, da sie sowohl im langsamen wie auch im schnellen technisch nicht mehr ausführbar sind. Ich kann zum Beispiel einen Klavierton anschlagen, ihn klingen lassen und warten, bis er – je nach der Qualität des Instruments – verklungen ist. Aber ich kann nicht sagen, ein Hornist oder Trompeter soll den Ton genauso verklingen lassen wie das Klavier. Da scheiden sich manchmal die Geister. Man merkt dann genau, welche Pianisten die Partitur wirklich kennen. Der Solist muß einen Teil der Konzert-Gesamtverantwortung mit übernehmen. Und dazu sollte er genau wissen, wie das Orchester artikulieren und phrasieren kann.

Für den Dirigenten liegt der Reiz beim Begleiten eines Solokonzerts darin, mit einem Musikerkollegen zusammenzuarbeiten, der eine eigene Vorstellung von einem bestimmten Werk hat. Die Frage bleibt immer, wie der Dirigent die eigene Einbildungskraft und Interpretation mit den Vorstellungen eines Solisten über das Werk koordinieren kann. Bei einem reinen Orchesterwerk kann ich meine Wünsche direkt auf das Orchester übertragen, und das Orchester ist sozusagen »verpflichtet«, meine Interpretationswünsche zu erfüllen. Bei einem Solisten habe ich es mit einer Künstlerpersönlichkeit zu tun, die sich mit der Gestaltung eines Konzerts zumindest genauso intensiv auseinandergesetzt hat wie ich – oder sogar noch mehr.

Es ist eine wunderbare Herausforderung auch dann, wenn die Gedanken, die sich jeder gemacht hat, einmal nicht denselben Gleisen folgen. Da nun bereit zu sein, dem Solisten nachzugeben, oder genügend

Überzeugungskraft zu haben, die eigene Vorstellung so zu vertreten, daß der Solist sagt: »Eigentlich ist es so richtig, ich versuche darauf einzugehen«, das ist sehr spannend.

Ich bin der erste, der bereit ist, von einem Solisten Anregungen anzunehmen und mich überzeugen zu lassen, daß dieses oder jenes aus klanglichen oder technischen Gründen so und nicht anders interpretiert werden sollte. Ich erwarte aber von einem Solisten die gleiche Offenheit und Konsequenz. Eine gemeinsame kreative Lösung ist das Ideal. Und diese Gemeinsamkeit ist dann ein Fundament, auf dem sich weiter aufbauen läßt. Ein Konzept, das bei den Proben gemeinsam erarbeitet wurde, geht auch in der Öffentlichkeit überzeugend vonstatten: Es ist eine wunderschöne Bestätigung, wenn alle bei den Proben vorgebrachten gegenseitigen Wünsche zu einer für beide Teile geglückten Aufführung beitragen, an deren Ende beide zu dem Schluß kommen: So haben wir uns das vorgestellt.

Bei einem Beethoven- oder Mozart-Klavierkonzert allerdings liegen die Interpretationsdifferenzen nicht so weit auseinander. Die Musik ist so klar! Man kann das Ganze um eine Spur langsamer oder schneller spielen, aber es kommt kaum zu grundlegenden Differenzen. Ich könnte mir vorstellen, daß beispielsweise ein Geiger bei einem Paganini-Konzert viele verschiedene Interpretationsmöglichkeiten hat, weil schon von den technischen Gegebenheiten das Werk anders beleuchtet werden kann und der Dirigent mehr oder weniger doch nur eine begleitende Funktion hat. Aber bei der großen klassischen Literatur ist dies sicher nicht der Fall.

AMERIKANISCHE KONTRAPUNKTE

ZWISCHEN SPONSORING UND SUBVENTION

Sponsoring hat seine Vorteile. Die Tatsachen beweisen es: In den USA gibt es mit Philadelphia, Cleveland, Chicago, New York oder San Francisco ganz hervorragende Orchester, die nicht von staatlichen Subventionen abhängig sind, sondern letztlich von der Bevölkerung direkt finanziert werden. Aus Interesse und Liebe zur Musik tragen sehr viele einzelne ihr mehr oder minder großes Scherflein dazu bei.

Der jährliche Budgetbedarf eines großen amerikanischen Orchesters mag bei 25 Millionen Dollar liegen. Gehe ich davon aus, daß das Bayerische Staatsorchester, in unseren Regionen ebenfalls ein Spitzenorchester, mit etwa 17 Millionen Mark jährlich auskommen muß, wobei in dieser Summe alle Sozialversicherungsbeiträge enthalten sind, dann läßt sich mit Fug und Recht behaupten, daß zumindest aus den enormen Sponsorengeldern deutliche Rückschlüsse auf das intensive Engagement des amerikanischen Publikums der Musik gegenüber zu ziehen sind.

Natürlich konzentriert sich dieses Interesse nur auf einen kleinen Teil der Bevölkerung. Es wäre grotesk zu glauben, die gesamte amerikanische Bevölkerung begeistere sich für klassische Musik. Das Verhältnis zwischen Interesse und wirklichem Bedürfnis nach der Musikklassik dürfte sich im Vergleich europäisches/amerikanisches Publikum ungefähr entsprechen. Nimmt man auf der anderen Seite unsere staatliche Subventionierung genauer unter die Lupe, so kommt man zu dem Schluß: Die Bevölkerung würde nicht einen Pfennig weniger Steuern zahlen, wenn alle Subventionen von städtischer oder staatlicher Seite gestrichen würden und privates Sponsoring installiert würde. Ob der Kulturetat ausgegeben oder eingespart würde – für den einzelnen Bürger würde sich im Prinzip nichts ändern.

Durch private finanzielle Unterstützung, das beginne ich in Philadelphia zu begreifen, entsteht zwangsläufig eine engere Verbindung zwischen dem interessierten Teil des Publikums und den Musikern. Es bildet sich geradezu ein Vertrauensverhältnis zwischen beiden – wie in einer großen Familie.

Von den kleinen Mäzenen, die hundert Dollar zahlen, bis zu denen, die Jahr für Jahr Millionen aufbringen – sie alle würden das nicht tun, wenn sie nicht motiviert wären. Natürlich artikulieren sie dann auch in Briefen und Bitten Programmwünsche, aber das geschieht ohne jeden Druck. Es ist absolut nicht so, daß irgendein großer Geldgeber darauf besteht, im nächsten Jahr Beethovens Fünfte hören zu wollen.

Auch der einzelne Musiker entwickelt ein anderes Verhältnis zum Publikum, wenn er weiß: Die meisten, die da unten sitzen, haben durch finanzielle Beiträge ihren Anteil am musikalischen Geschehen manifestiert. Diese Verbundenheit ist ein wichtiger Faktor.

Bei uns haben der Staat, das Land, die Gemeinden eine Art moralische Verpflichtung übernommen, die Musik als einen wichtigen Kulturträger zu fördern. Schließlich sind sich wenigstens manche Politiker darüber im klaren, daß viele große Kulturen untergegangen sind, weil ihre Belange nicht mehr beachtet, gefördert und respektiert wurden. Wir wissen heute, daß die Beschäftigung mit der Kunst – und gerade die Beschäftigung mit der Musik, denn sie ist eine der am leichtesten verständlichen Kunstformen – die Überlebenskraft einer Nation mit ausmacht. Europa ist auf diesem Sektor seit Jahrhunderten so stark, daß zu Recht gesagt werden kann: Der Staat ist verpflichtet, sich für die Kultur einzusetzen, denn er tut damit etwas für seinen eigenen Erhalt. Kunst und Kultur müssen unterstützt werden, gleichgültig, ob den Staatsvertretern das eine oder andere ge- oder mißfällt.

In den USA zahlen Stadt und Staat nur ganz geringe, fast symbolisch zu nennende Beiträge, sozusagen, um eben auch ein Signal ihres Interesses zu setzen. Der Rest ist Sache der Sponsoren und Mäzene. Dies bedeutet zwangsläufig auch, daß einige Konzerte im Laufe einer Spielzeit für die Sponsoren und ihre Freunde gegeben werden: In Philadelphia zum Beispiel ist es unter anderem das »anniversary concert«, das an die Gründung des Orchesters erinnert und jeweils mit großem gesellschaftlichem Pomp begangen wird; von den Musikbegeisterten besonders gefördert, bringt es etwa zwei Millionen Dollar ein.

Ich bin noch zu kurz in den USA, um definitiv sagen zu können, ob dieses System letztlich unserem Subventionssystem vorzuziehen sei oder umgekehrt.

DAS PUBLIKUM

Wer »in der Öffentlichkeit steht« – das gilt für den Politiker, den Wirtschaftsführer, den Theaterleiter und erst recht für den ausübenden Künstler –, braucht »sein Publikum«. Nun geschieht es aber nicht selten, daß ebendieses Publikum recht gnadenlos mit dem Gebotenen umgeht. In meiner Zeit als Operndirektor in München habe ich in dieser Hinsicht jedenfalls die merkwürdigsten Erfahrungen gemacht. Ohne viel nachzudenken, warum dies oder jenes einmal nicht dem eigenen Gusto entspricht, wurden da lautstark Urteile kundgetan, die nicht dazu dienten, der Wahrheit die Ehre zu geben. Ein Beispiel: Eine Sängerbesetzung für eine Oper ist angekündigt, wobei jeder Theaterleiter je nach Größe und Bedeutung seines Hauses immer vom Optimum ausgehen wird. Da aber auch Künstler zuallererst einmal Menschen sind, die nicht gegen die Unbilden der Witterung oder sonstiger Äußerlichkeiten gefeit sind, ist die Möglichkeit einer sehr kurzfristigen Absage wegen Indisposition nicht auszuschließen. Also muß in aller Eile ein »Ersatz« gefunden werden. Jetzt aber den Gast die Enttäuschung über die Umbesetzung spüren zu lassen, der die Vorstellung gerettet hat – ist nicht nur unfair, sondern ganz einfach ungezogen. Die einmal geäußerte Bemerkung, es sei dann besser, die Vorstellung abzusagen und ausfallen zu lassen, würde ich sofort aufgreifen, wenn sich der Betreffende bereit erklärt, den dadurch entstehenden finanziellen Schaden in beachtlicher sechsstelliger Höhe zu übernehmen.

Sein Mißfallen bereits während einer laufenden Vorstellung kundzutun ist nicht weniger unangebracht! Der oder die Besserwisser (oder frustrierten Wichtigtuer?) sollten sich nicht einbilden, daß dadurch die Leistungen gesteigert würden! Eher ist das Gegenteil der Fall. Außerdem hat sich diese Art des Negativ-Ausdrucks durch das Übermaß und beinahe zum normalen Ton Gehörende längst abgenutzt.

Die Medienüberschwemmung – sowohl im Radio wie vor allem im Fernsehen – hat es mit sich gebracht, entweder das Live-Angebot wie eine Studiokonserve zu betrachten (selbst kleinste Unregelmäßigkeiten werden »angekreidet«) oder Darbietungen unter dem Gesichtspunkt des »Dienstleistungsbetriebs« aufzunehmen. Beide Richtungen sind gefährlich und vom künstlerischen Standpunkt aus für die Ausübenden eher betrüblich. Nichts ist schlimmer als Gewohnheit, für den Künstler wie auch für den Zuhörer.

Was die »Qualität des Publikums« betrifft, so sind »landschaftliche« Unterschiede nicht zu übersehen: Aufmerksamkeit und Beteiligungsbereitschaft weichen regional voneinander ab, gerade in Europa – und im Vergleich zu Japan und den USA erst recht. Freilich sind die verschiedenartigen Darbietungen selbst in Oper und Konzert nicht außer acht zu lassen.

Es wird immer Ereignisse geben, die von Anfang an den Stempel des Außerordentlichen tragen, sei es durch die Einmaligkeit, sei es durch besonders attraktive Mitwirkende, durch unwägbare und nicht vorauskalkulierbare Umstände. Und es gibt – gerade in der Oper – die unvermeidlichen Wiederholungsvorstellungen, die seitens des zum Abonnement aufgerufenen Publikums als eine bare Selbstverständlichkeit eingestuft werden. Dagegen ist nichts einzuwenden. Aber auch in diesen Vorstellungen werden immer wieder Besucher sein, die das gebotene Werk zum erstenmal hören und sehen und diesen Eindruck als einen bleibenden Wert für das Leben mitnehmen. Das ist eine ungeheuere Verpflichtung für den beruflich engagierten »Entertainer«. Doch auch das Publikum muß wissen, welcher Einsatz und wieviel »Herzblut« vom Künstler gefordert werden, und es sollte auch wissen, daß wir dies gerne und mit unserer ganzen Kraft tun.

Es kommen so viele Komponenten zusammen, die in verschiedenen Gegenden verschiedene Publikumsreaktionen auslösen. In südlichen Ländern beginnen Vorstellungen zumeist nicht vor 21 Uhr. Das Ende der Veranstaltung ist dann nach Mitternacht. Die Folge: Zumindest einige Zuhörer werden nervös: Erreichen wir die letzte Bahn oder den letzten Bus noch? Schnell, schnell die Garderobe geholt, falls man sie nicht sowieso unter dem Sitz verstaut hat, und ab zu den hoffentlich wartenden Verkehrsmitteln! Oder: Das Restaurant macht gleich zu, also schnell noch zum Essen; die Parkhäuser schließen ... Man sollte es nicht für möglich halten, welche Gründe für ein beinahe übereiltes Verlassen des Saales maßgeblich sind. Die Mitwirkenden aber halten aus.

Und der Beginn? Kann man das Publikum zur Pünktlichkeit »erziehen«? O ja, man kann. Musterbeispiel: Mailänder Scala. Angeblich soll Toscanini dies eingeführt haben: Wenn die Uhr über dem Bühnenrahmen die letzte Minute vor dem angesetzten Beginn anzeigt und der Zuschauerraum nicht eingedunkelt wird, machen sich möglicherweise schon Mißfallensäußerungen bemerkbar; pünktlich – nein: pünktlichst, auf die Minute genau – betritt der Dirigent den Orchestergraben oder bei Konzerten die Bühne. Zuspätkommende finden keinen Einlaß mehr und haben zu warten auf den ersten »Einschnitt«. Diesen Effekt wünsche ich mir oftmals an anderen Orten.

Ein für mich – wenn ich das so sagen darf – ideales Publikum sind die Japaner. Seit dreißig Jahren begeistere ich mich immer wieder an diesem und für dieses Auditorium. Jeder Künstler, der einmal das Glück hatte, dort zu gastieren, wird mir bestätigen, mit welcher Disziplin (ich finde kein anderes Wort) der japanische Besucher einer künstlerischen Darbietung folgt. Auch er wird oftmals sein »Gepäck« – Mantel und Tasche und Bücher – rasch noch unter dem Sitz verstauen; in einer Riesenstadt wie Tokyo beispielsweise hat er gar keine Möglichkeit, zwischen Arbeitsende und Vorstellungsbeginn noch einmal nach Hause zu gehen, um sich umzuziehen. Und wenn es draußen noch so warm war und der Saal dank der modernsten Klimaanlagen tiefgekühlt ist, ein Japaner wird nicht husten oder sich während der Darbietung die Nase putzen, und es fällt auch kein Programm zu

Boden. Als Dirigent meine ich manchmal, der Saal hinter mir ist leer.

Ich erinnere mich an Liederabende mit Fischer-Dieskau mit anspruchsvollen Programmen und noch dazu in einer für Japaner nicht verständlichen Sprache: absolute Konzentriertheit. Das Publikum lauschte aufmerksam, ja gebannt. All dies ist für den Ausführenden schon deshalb so wohltuend, weil er sich selbst ganz in seine Aufgabe versenken kann, ohne durch manchmal unerträgliche und völlig unnötige Störungen im Saal zutiefst – im wahrsten Sinne des Wortes – getroffen zu sein.

Ich habe meinen Kollegen Kurt Masur aufrichtig bewundert und bin ihm dankbar dafür, daß er in einem Konzert in New York einmal das Spiel abgebrochen hat und sich an das Publikum wandte mit dem sehr deutlichen Hinweis, doch konzentriert zu sein und Husten und Unaufmerksamkeit zu Hause zu lassen. Es stört Ausübende und ernsthaft Zuhörende gleichermaßen. Seltsam: Ein Solist, Sänger, Pianist, Geiger oder ein Dirigent darf ja auch nicht niesen oder husten. Oder haben Sie so etwas während der Darbietung schon einmal gesehen und gehört? Oder daß er sich auch nur räuspert? Ich denke, nicht. Wenn konzentriert musiziert wird, hustet man auch nicht, selbst bei starker Erkältung; es läuft die Nase nicht, selbst bei argem Schnupfen. Ob der aufmerksame Zuhörer seinen Husten, sein Räuspern nicht auch unter Kontrolle halten könnte? Und wenn schon wirklich einmal der Niesreiz zu stark wird und das »Hatschi« hinaus muß, dann wird ein vorgehaltenes Taschentuch Wunder wirken! Besonders gefühllos wird es ja sowieso immer an leisen Stellen oder gar Generalpausen sein. Was wir uns auf dem Podium dann denken, sage ich an dieser Stelle lieber nicht...

Doch: Wir brauchen das Publikum, wir lieben es – überall auf der Welt kommt es zu uns und will »unterhalten« sein. Es liebt umgekehrt die Aura des Außergewöhnlichen und ist bereit, nicht nur dafür zu bezahlen, sondern auch seinen Dank für das Gebotene zu entrichten. Das macht uns glücklich, oftmals unbeschreiblich glücklich. Und so entbietet der Künstler dann seinerseits wieder seinen Dank über die Rampe hinaus in den Saal: Immer wird er versuchen, sein Bestes zu geben; er wird jede ihm zur Verfügung stehende Kraft einsetzen, um durch die Musik die Stunden zu besonderen Ereignissen werden zu lassen.

Und wenn dann die Musik wirklich einmal zum »Ereignis« wird, gibt es noch etwas besonders Schönes seitens des Publikums, das – so glaube ich – von den USA seinen Ausgang genommen hat und auch in Europa an verschiedenen Plätzen seinen Einzug zu halten beginnt: die »standing ovation«. Ein Konzert in der Carnegie Hall in New York zum Beispiel: Es ist mit einer Symphonie, einer Sinfonischen Dichtung von Strauss oder einem anderen bedeutenden Werk zu Ende gegangen, und spontan erheben sich die Zuhörer, um ihrer Freude, Zufriedenheit, ja Begeisterung Ausdruck zu verleihen. Das soll beileibe keine alltägliche Gewohnheit sein, doch diese Art der Bekundung von Dankbarkeit ist für die Ausführenden schon etwas – wie sagte ich oben? – »besonders Schönes«!

PRIESTER ODER ENTERTAINER

Bis Anfang der neunziger Jahre wurde, wenn ich nach Japan eingereist bin, in meine Aufenthalts- und Arbeitsbewilligungen unter »Grund des Aufenthalts« stets eingetragen: »concerts by contract«, also vertraglich vereinbarte Konzerte. Seither, und da war ich dann doch sehr erstaunt, steht plötzlich unter Beruf und Grund des Aufenthalts: »Entertainer«. Ich bin zum Unterhaltungskünstler avanciert.

Es stört mich ganz und gar nicht, im gleichen Atemzug mit Pop-, Jazz- und Rockkünstlern geführt zu werden, denn in den USA wird man ohnehin als Show-Artist eingestuft und ist Teil des allumfassenden Showgeschäfts. Im weitesten Sinn sehe auch ich den Dirigenten – gerade von der Kleidung her – wie den Oberkellner in einem Restaurant als Teil eines Dienstleistungsbetriebs.

Auch in meiner Zeit an der Münchner Oper habe ich, wenn wir uns über dies und jenes tiefschürfende Gedanken gemacht haben, die anderen oft geärgert, wenn ich sagte: Was wollt ihr eigentlich? Letzten Endes sind wir ein Unterhaltungsbetrieb. Wir sind ein Dienstleistungsbetrieb, der dazu subventioniert wird, die Leute drei, vier Stunden zu unterhalten. Und schließlich zahlen sie auch noch Eintritt dafür!

»Entertainer«, das ist eine Bezeichnung, die den Sachverhalt recht gut wiedergibt. Auch unter dem Aspekt der Programmpolitik. Sollte man nicht davon ausgehen, daß das, was wir bieten, denen, die bereit sind, es uns im wahrsten Sinne des Worts abzukaufen, Unterhaltung bringt? Wenn es gelingt, die Menschen so zu motivieren, daß sie – etwa in den Abonnementsreihen – im Jahr zehnmal auf diese Weise »unterhalten« werden wollen, dann kann man versuchen, mit diesem Interesse anders umzugehen. Man kann den berühmten roten Faden in eine Konzertreihe hineinbringen, man kann die Aufmerksamkeit auf schwierige Stücke und Komponisten sowie Zusammenhänge lenken. Bei jeder Programmgestaltung sollte ein Konzept erkennbar sein, denn nichts ist banaler als das Verteilen musikalischer Leckerbissen. Warum nicht Stücke ins Programm nehmen, die weniger populär sind, aber letzten Endes genauso gut »schmecken«? Experimente – für einen selbst und eben auch für das Publikum – müssen möglich sein. Doch wer Programmgestaltung ernst nimmt, sollte sich darüber im klaren sein, daß er letzten Endes als ein »Entertainer« dieser Sparte tätig ist.

Ein namhafter Dirigent hat einmal gesagt, er betrachte seinen Beruf als »Priestertum«. Vielleicht neigt man zu solchen Definitionen, wenn man gerade Beethovens Neunte oder den »Parsifal« dirigiert hat – sicher nicht, wenn man die »Donner und Blitz«-Polka von Johann Strauß hinter sich hat. Große Worte dieser Art gehen dann, losgelöst von Zusammenhang und

Zeit, in Bücher und Artikel ein und werden immer wieder zitiert. Sie liegen mir nicht. Ich halte es da lieber mit dem Begriff »Kapellmeister«, dem Meister einer Kapelle – ein Begriff, der ebenfalls gelegentlich mißbraucht und negativ aufgeladen worden ist. Sollte nicht über allem Hugo von Hofmannsthals Credo stehen: »Musik ist eine heilige Kunst!«?

Der Orchesterleiter: Er soll das umsetzen, was er schwarz auf weiß in seinen Noten vor sich hat – das, was irgendein mehr oder weniger genialer Komponist zu Papier gebracht hat. Wer dies allein für sich lesen kann, der kann vielleicht ganz auf die Aktivitäten des Orchesters und seines Leiters verzichten. Wenn ich ein Stück von Schiller, Goethe, Kleist oder Büchner lese, muß ich nicht unbedingt eine Aufführung des betreffenden Stücks sehen, denn ich kann es mir aufgrund des Textes vorstellen. Wer Partituren wirklich lesen und umsetzen kann, wer alle Harmonien und Rhythmen in seinem inneren Ohr klingen hört, könnte es sich ersparen, sich das Gelesene auch noch akustisch vorsetzen zu lassen. Seine Idealvorstellungen werden in einer Aufführung möglicherweise ohnehin nie erreicht.

Da dies aber nur wenigen gegeben ist, werden die meisten Menschen auf einen Vermittler angewiesen bleiben. Und dieser Vermittler muß zumindest in der Lage sein, dafür zu sorgen, daß die gleichzeitig spielenden Musiker im richtigen Rhythmus spielen und sich gegenseitig auch dynamisch abstimmen, denn die Trompete ist nun einmal lauter als die Geige ...

Für den, der in der Lage ist, die tote Materie der Noten in eine klingende zu verwandeln, ist das ein wunderschöner, faszinierender Beruf. Aber – gehört dazu wirklich »Berufung«, oder schätzt man das nicht ein bißchen zu hoch ein? Bach, Mozart, Beethoven, Schubert – sie und all die anderen großen Komponisten, sie waren »Berufene«. Sie haben uns die Werke gegeben, für die wir aktive Musiker geworden sind. Es sind ihre Werke, die »anstehen«, die uns eine Aufgabe zuteilen, die uns die Kraft geben, uns mit einem Instrument zu beschäftigen oder Dirigent zu werden. Ohne sie hätten wir alle unsere Berufe nie ergreifen können. Das Geniale liegt bei diesen Komponisten, die auf ein Blatt Papier schrieben, was wir heute als große Musik schätzen. Sie mußte zuerst im Kopf dieser Menschen entstehen, und sie mußten Mittel und Wege finden, sie niederzuschreiben. Das ist wahre Berufung – etwas zu schaffen, das dauernden Bestand hat, solange wir denken können.

Mitzuhelfen, dieses stumme Material reproduzierend zum Klingen zu bringen – das ist eine Begabung bei der Ausübung eines Berufs, die bei dem einen mehr und bei dem anderen weniger vorhanden und entwickelt ist. Jeder begreift diese Herausforderung von einem anderen Standpunkt aus, jeder besitzt ein anderes Gehör und hat andere Vorstellungen über Tempo, Agogik und Lautstärke.

Aber »Berufung« oder gar »Priestertum«? Man muß eine gewisse Fähigkeit haben, mit Menschen umzugehen. Ein gewisses psychologisches Einfühlungsvermögen in die Persönlichkeit eines anderen ist unerläßlich bei dem Versuch, andere auf die eigene Linie einzustimmen. Bei einem Orchester von siebzig, achtzig Musikern steht man vor siebzig, achtzig Individualisten, die alle ihre eigenen Vorstellungen haben. Wenn es dann durch ein von der Sache her überzeugendes Auftreten gelingt, einen großen Teil dieser achtzig Künstler auf genau die Spur zu bringen, die einem bei der Interpretation eines Stückes vorschwebt, dann ist das eine spezielle Begabung, die man entweder hat oder zum Teil im Laufe der Jahre lernen kann.

Härte und Güte – beides ist beim Umgang mit Menschen erforderlich. Ich gehe davon aus, daß der Musiker von seinem technischen Vermögen her in der Lage ist, die Noten so zu spielen, wie sie sein sollten. Jetzt ihm zu sagen: »Das mußt du so spielen!«, das wäre psychologisch unter Umständen falsch. Ich werde ihm vielleicht erklären, wie ich es mir vorstelle – es ihm vielleicht aber auch nur durch meine Gesten verdeutlichen. Ich werde versuchen, es ihm so nahezubringen, daß er bereit ist, auf mich einzugehen. Jede Verkrampfung, jeder Gewaltakt wäre da sinnlos. Wichtig ist, den menschlichen Kontakt herzustellen.

Der Kapellmeister, der Primus inter pares – ein ebenfalls vielstrapaziertes Wort –, hat die Aufgabe zu überzeugen. Doch wenn sich ein Musiker ganz bewußt weigert, bestimmte Vorstellungen auszuführen, wenn er absolut nicht will oder technisch dazu nicht in der Lage ist, dann ist eine gewisse Härte zur Einhaltung der Spiel- und Arbeitsdisziplin einfach notwendig. Denn ohne diese Disziplin, ohne eine gewisse autoritäre Berufsausübung ist ein Orchester nicht zu leiten. In den zwei, drei Stunden einer Probe muß nun einmal ein bestimmtes Ziel erreicht werden. Das ist sicher nicht dadurch zu realisieren, daß jeder macht, was er will. Ohne respektierte Autorität geht es nicht.

KONZERTALLTAG

DIRIGENTEN HEUTE UND DAS SPEZIALISTENTUM

Ich bin oft gefragt worden, ob sich ein Dirigent in den verschiedenen Positionen, mit denen er im Laufe der Zeit betraut wird, nicht einen »Kronprinzen« heranziehen könnte. Doch die wenigsten Nachwuchskräfte wollen »herangezogen« werden. Der Dirigentenberuf ist so individuell, daß heutzutage kein begabter junger Mann mehr bereit ist, in der zweiten oder dritten Reihe auf seine Chance zu warten, um irgendwann einmal die Arbeit des Lehrers – sprich: des Vorgängers – zu übernehmen.

In den USA war das bisher anders. Da gab es bei allen größeren Orchestern die Position des Assistant conductor, schon damit eines nicht passierte: daß bei einer Erkrankung oder sonstigen Verhinderung des Chefdirigenten das Konzert ausfallen mußte. So manche internationale Karriere hat mit so einem »Ernstfall« begonnen. Das meistbemühte Beispiel ist Leonard Bernstein, der für den erkrankten Bruno Walter einspringen mußte und mit einem Schlag von der einen Seite des Kontinents zur anderen berühmt wurde, weil das Konzert »nation-wide« übertragen wurde. »A new star was born.«

Der Assistant conductor ist verpflichtet, das gesamte Programm mit einzustudieren und die Aufführung notfalls zu übernehmen. In Philadelphia oblag diese Aufgabe jahrzehntelang Bill Smith, einem hochangesehenen Mann, der auch bei der Programm-Auswahl als Berater fungierte und das Orchester zum Beispiel in den Schulen repräsentierte. Er organisierte Kinder- und Jugendkonzerte und dirigierte einmal im Jahr ein Abonnementskonzert seiner Wahl. Es ist von besonderer Tragik, daß Bill Smith eben jetzt, da ich ihn so notwendig gebraucht hätte, nach schwerer Krankheit verstorben ist.

So hatten wir erst vor kurzem mit dem Beirat des Orchesters ein Gespräch darüber, wie man die Nachfolge regeln solle. Wir kamen sehr schnell zu der Überzeugung, daß es inzwischen keinen Zwanzigjährigen mehr gibt, der bereit ist, sich hinzusetzen und auf Verdacht hin alle Programme zu studieren. Dabei wäre das eigentlich eine ungeheure Chance für einen jungen Dirigenten. Er könnte sich ein riesiges Repertoire aneignen, müßte es zwar nicht so gut kennen, daß er es ohne einen Blick in die Partitur dirigieren kann, aber er wäre verpflichtet, bei den Proben dabeizusein und den Stil des Chefdirigenten kennenzulernen. In drei, vier Jahren könnte ein solcher Nachwuchsdirigent enorm viel profitieren, nicht nur im Hinblick auf das Repertoire, sondern auch im Umgang mit dem Orchester, und er könnte eigene Erfahrungen in der Orchesterarbeit sammeln.

Doch dieses Problem ist kaum mehr zu lösen! Jeder will heute, und sei es am unbedeutendsten Platz der Welt, sein eigenes Orchester dirigieren. Jeder will sein eigener Chef sein. Niemand ist mehr bereit, in untergeordneter Funktion ein paar Jahre, vielleicht auch ein Jahrzehnt, zu warten, um erst dann die eigene Karriere anzufangen.

Ein Grund für diese Situation mögen die zahlreichen Dirigenten-Wettbewerbe sein, die es heute auf der ganzen Welt gibt. Hat einer Glück und gerät in der Endauswahl an ein mehr oder weniger selbständig für sich spielendes, nicht groß auf den Dirigenten achtendes Spitzenorchester, und erringt er so vielleicht sogar einen Preis, dann meint er, die Karriere in der Tasche zu haben. Doch häufig genug bestimmt König Zufall, wer in diese Endauswahl gelangt. Bei den Vorauswahlen steht nicht gleich eines der Spitzenorchester zur Verfügung, sondern ein Studentenorchester oder ein ad hoc zusammengewürfeltes Ensemble. Mit ihm soll der Dirigier-Kandidat nun die »Freischütz«-Ouvertüre, irgendein Strauss- oder Strawinsky-Werk einüben. Der erste, der sich daran versucht, ist von vornherein verloren, denn er hat es ja mit einem auf diese Stücke nicht trainierten – schlimmstenfalls nicht einmal im Zusammenspiel geübten – Orchester zu tun. Dieser buchstäblich »arme Hund« kommt gar nicht dazu, eigene Initiativen einzubringen, da er den Musikern zuerst einmal mühsam beibringen muß, »wie die Musike geht«. Der Kandidat, der dann an zehnter Stelle dirigiert, kann schon viel mehr persönliche Ambitionen entfalten, denn das Orchester ist mit den Stücken inzwischen vertraut und kann den möglichen Intentionen des Kandidaten weitaus besser folgen.

Im zweiten oder dritten Durchgang, nachdem sich die hundert »Wettbewerber« auf drei oder vier reduziert haben, steht den Kandidaten dann ein sogenanntes Spitzenorchester zur Verfügung. Die Berliner Philharmoniker können mit einem Strawinsky ebenso souverän umgehen wie mit einer Beethoven-Symphonie oder einer »Zauberflöten«-Ouvertüre. Wenn es dann ein Kandidat noch versteht, durch brillantes Auftreten einiges zu »überspielen«, hat er den Preis in der Tasche, verbrieft und besiegelt, mit dem Stempel des Außergewöhnlichen.

Und danach wird er nie mehr dazu bereit sein, mit der Kapelle von Zickenhausen zu arbeiten. »Ich, der Sieger dieses renommierten Wettbewerbs, ich, der ich dieses Spitzenorchester dirigiert habe, soll in Zickenhausen Aufbauarbeit leisten!? Ich gehe allenfalls nach Rom, Paris, London – und wenn, dann als Sieger!«

Jedermann glaubt, aus diesem hoffnungsvollen Talent wird noch einmal etwas. Das kann, muß aber nicht sein. Nach spätestens zehn, zwölf Jahren wird er dann doch – und da nützt ihm der Wettbewerbssieg nichts – mit einem kleineren Orchester verhältnismäßig beste Ergebnisse erzielen müssen. Und wie man die erzielen kann, hat ihm niemand gesagt. Er selbst war nie bereit, einige Jahre seines Lebens zu opfern, um zu studieren, wie man diese Aufgabe bewältigt.

Er hat ja nie an einem Theater »Frondienste« geleistet, Bühnenmusik dirigiert und die Bühnenproben mitgemacht; er hatte weder die Ruhe noch die Bereitschaft, sich am Rande des Geschehens aufzuhalten, zu beobachten, zu lernen. Doch irgendwann kommt die Zeit, wo man dankbar ist, daß man dies gelernt hat.

Ich habe, wenn ich mich an Augsburg zurückerinnere, in den zwei Jahren als Ballettkapellmeister

Werke dirigiert, die später für mein symphonisches Repertoire von ausschlaggebender Bedeutung waren. Ich habe die Tschaikowsky-Ballette dirigiert, ich habe von Strawinsky mit Ausnahme des »Sacre du Printemps« alle wichtigen Ballettkompositionen kennengelernt. Später dann, als ich mit großen Orchestern diese Werke im Konzert machen konnte, wußte ich schon, wo die neuralgischen Punkte liegen. Ich habe als Bühnenkapellmeister in Augsburg alle Bühnenmusiken, von »La Bohème« angefangen, absolviert und auch einmal wunderbar geschmissen. Ich werde nie vergessen, wie ich am Schluß des 2. Aktes von »La Bohème« falsche Einsätze gegeben habe. Heute weiß ich genau, wenn ich »La Bohème« dirigiere, dann kann an der gleichen Stelle der Bühnenkapellmeister dem gleichen Irrtum verfallen, dem ich vor vierzig Jahren verfallen bin. Also kann ich dem begegnen. Es sind Erfahrungswerte, die mir kein Mensch nehmen kann.

Ich stehe auf dem Standpunkt: Lehren läßt sich das Dirigieren nicht, aber es läßt sich lernen. Und zwar vor allem dadurch, daß man bei geeigneten Vorbildern zuschaut, zuhört, sich permanent selbst kontrolliert und irgendwann feststellt: Das ist gut, das kann ich übernehmen, oder das ist nicht gut, weil mir der Betreffende da vorn in seiner ganzen Art weder äußerlich noch in allen seinen Ausdrucksmitteln gleicht, so daß ich meine eigene Art entwickeln muß, mit dem Orchester umzugehen. Jeder hat bekanntlich verschiedene Gesten, die auch durch die Körpergröße und anderes mehr bestimmt sind.

Wenn ein junger Dirigent den Mut und die Geduld hätte, in untergeordneten Positionen einige Jahre die

Praxis zu studieren, wäre er besser beraten, als es in irgendeiner Schule »gelehrt« zu bekommen. Denn das Dirigieren zum Beispiel der ungeraden Taktzahlen ist technisch nicht zu lernen; es kommt letztlich aus einem Impuls, aus einem Gefühl heraus. Die eigene Empfindung spielt da eine Schlüsselrolle, denn daraus entsteht die Bewegung, die so stimmig und zwingend sein muß, daß das Orchester reagieren kann.

Hinzu kommt, daß viele der jungen Dirigenten nicht in der Lage sind, sich über ein Instrument – gleichgültig ob Cello, Geige, Trompete oder Klarinette – auszudrücken. Ich insistiere nicht, daß es unbedingt das Klavier sein muß, obwohl ich für einen Kapellmeister die Beherrschung des Klaviers bis zu einem gewissen Grad als unabdingbare Notwendigkeit empfinde. Nur am Klavier hat er die Möglichkeit, die gesamte harmonische Gestaltung nachzuvollziehen, was bei einer einzigen Linie einer Trompete, Klarinette oder Geige gar nicht möglich ist. Beherrscht er das Klavier, kann er sich jedenfalls weitaus besser ausdrücken; er kann mit Sängern und Chor arbeiten, er hat die Möglichkeit, die Werke intensiver kennenzulernen. Bei der Erarbeitung von Partituren, beim Analysieren der Harmonien, bei der Kontrolle seines »inneren Ohrs« kann er leichter feststellen, ob das, was er beim Lesen zu hören glaubte, auch wirklich stimmt.

Gelegentlich haben sich junge Dirigenten an mich um Rat gewandt, mit der Bitte, ihnen weiterzuhelfen. Auf meine Frage: »Wären Sie bereit, heute oder morgen früh eine ›Butterfly‹- oder ›Zauberflöten‹-Probe am Klavier zu spielen?«, kam meistens die Antwort: »Das kann ich leider nicht!« – Wie soll er da weiterkommen? Wenn er dirigentisch so begabt ist, daß er auf das alles verzichten kann, dann soll er sofort bei den Wiener Philharmonikern anfangen!

Jeder junge Dirigent sollte den Weg über das Theater wählen, schon um ein Verhältnis zur menschlichen Stimme zu bekommen, denn die Gesangstimme ist das faszinierendste Instrument, das es gibt. Zu erkennen, wie ein großer Sänger mit seiner Stimme umgeht, wie er sie benutzt, um Phrasen zu gestalten, wo geatmet werden muß, wo ein längerer Bogen gemacht wird, wo man nach jedem zweiten Takt atmen muß, weil es der Text erfordert – diese unglaubliche Vielfältigkeit, wo soll er sie lernen, wenn nicht bei der Lied-Begleitung oder als Korrepetitor an einem Theater, wo er mit den verschiedensten Sängern zu arbeiten hat und ein enormes Repertoire kennenlernen kann? Wer diese Horizont-Erweiterung versäumt hat, dem wird im Laufe seiner möglichen Dirigentenkarriere einiges, wenn nicht vieles fehlen!

Auch die Medien spielen eine manchmal verhängnisvolle Rolle. Wenn ein neuer Name das Stadium zwischen Unbekanntsein und Bekanntwerdensollen erreicht hat und eine Schallplattenfirma sich entschieden hat, mit viel Werbeaufwand diesen Namen zum Besten der Besten zu erklären, dann fühlt sich derjenige, der auf diese Weise gepuscht wird, bereits tatsächlich als Star, gleichgültig, wie gerechtfertigt dieser oft kurzlebige Ruhm ist.

Tatsache ist, daß es den Typ des »zuverlässigen Dirigenten«, der früher an jedem mittleren Stadttheater anzutreffen war und da seine Karriere begann, heute nicht mehr gibt. Ich erlebe das auch in Philadelphia bei unseren Besprechungen über Gastdirigenten. Man berät sich mit ein paar Leuten, geht alle Dirigentennamen der Welt durch – und fragt sich dann vergeblich, wo die drei, vier Persönlichkeiten sind, mit denen das Orchester in Zukunft kontinuierlich zusammenarbeiten möchte, abgesehen natürlich von der Handvoll Prominenter, die ohnehin jeder kennt.

Für mich stand im Alter von elf Jahren fest, daß ich Dirigent werden wollte – nach der ersten Opernaufführung, der ich in München als Kind beiwohnte. Damals gab ich meinen ursprünglichen Entschluß auf, Pianist zu werden, und dann habe ich gelernt und gelernt, bis ich neunzehn war und zum Militär mußte. Ich habe Furtwängler, Knappertsbusch, Kabasta, Clemens Krauss beobachtet, rein vom Praktischen her. Das theoretische Rüstzeug – die Harmonielehre, Formenlehre, Kontrapunkt, Kompositionslehre, Musikgeschichte und so weiter –, das studierte ich bis zu meinem neunzehnten Lebensjahr privat. Als ich 1947 als Korrepetitor in Augsburg anfangen konnte, war das sicher ein Glücksfall, aber zu diesem »Glück« trug entscheidend die Tatsache bei, daß ich pianistisch ausgebildet war. Der Dirigent, der mich damals prüfte, legte mir den »Rosenkavalier«- und den »Don Giovanni«-Auszug hin, und ich konnte sie ohne Probleme spielen. Das gab den Ausschlag.

Vergleicht man die Phalanx der großen Dirigenten zu Beginn der zwanziger Jahre mit der heutigen Situation, dann stellt man doch einen gewaltigen Unterschied fest. Allerdings ist es für die jüngere Generation zugegebenermaßen auch schwieriger geworden, sich zu orientieren.

Nach dem Krieg haben sich in Richtung alter und neuer Musik Spezialisierungen herausgebildet, wie man sie früher nicht kannte. Es entstanden Ensembles mit Dirigenten, die nur noch »musica vecchia« auf Originalinstrumenten spielen, die unglaublich viel Zeit darauf verwenden, dahinterzukommen, ob der Triller dreimal von oben nach unten oder viermal von unten nach oben mit der Ganztonnote oder der Halbtonnote gespielt werden soll und wie man ihn langsam anfängt und allmählich steigert. Viele Stunden werden geopfert, um die alten Schulen zu studieren und die alte Musik so authentisch wie möglich aufzuführen.

Auf der anderen Seite haben wir moderne Ensembles für die »musica contemporanea«, kleine Gruppen ebenfalls. Sie erfüllen wichtige Aufgaben, da die heutigen Komponisten ohnehin vorwiegend für kleine Ensembles schreiben und in kürzeren Zeitspannen. Seit Strawinsky gibt es diese Spezialensembles, wie sie etwa ein Pierre Boulez ins Leben gerufen hat.

Für den »normalen« Dirigenten bleibt zwischen der »musica antiqua« und der »musica contemporanea« nur der Zeitraum zwischen Mendelssohn und Strawinsky. An dieses Repertoire wagen sich die Außenseiter-Ensembles nicht heran.

Die Folge davon ist, daß sich das Publikum seinerseits in diese drei Sektionen spaltet: Die einen hören nur noch Vivaldi, Pergolesi und andere Barockkomponisten, die anderen besuchen ausschließlich Veranstaltungen im Stil der Musica viva; und der Rest hat Abonnementskonzerte gebucht. So haben viele Dirigenten gar nicht mehr den Mut zu sagen, ich fange im ersten Teil meines Programms mit einer Suite oder dem Magnificat von Bach an, dann spiele ich ein zeitgenössisches Stück und schließlich auch noch eine große Symphonie.

Die Vielfalt der künstlerischen Orientierung, die für jeden Dirigenten wichtig ist, wird nicht mehr gefordert. Der Spezialist, der sich nur mit Bach beschäftigt, weiß aber letzten Endes auch nicht, wie sich Bach dieses oder jenes vorgestellt hat. Er hat nicht mit Bach oder Pergolesi höchstpersönlich gesprochen, sondern allenfalls Rückschlüsse aus schriftlichen Überlieferungen gezogen und die Originalinstrumente strapaziert, was manchmal schlicht entsetzlich klingt.

Bei der modernen Musik ist das anders, da hat der Komponist die Möglichkeit, seine Vorstellungen direkt umsetzen zu lassen. Der Beweis für die Richtigkeit einer Aufführung ist damit erbracht. Hier ist die Authentizität kontrollierbar.

Diese Spezialisierung hat natürlich auch vor dem Publikum von Philadelphia nicht haltgemacht. Ich versuche da jetzt mit Programmen gegenzusteuern, in denen die Musik von Händel und Bach wieder vertreten ist. Diese Gräben können geschlossen werden, wenn man eine halbwegs ausgewogene Auswahl trifft.

Ein anderer Aspekt: Die lokalen, die landschaftlichen Eigenarten der Musik sind durch die Medien, die vereinheitlichten Aufnahmetechniken und die Wiedergabenormen der Industrie verlorengegangen. Es ist heute kaum noch möglich, auf Anhieb festzustellen, das müßte dem Klang und der Spielweise nach dieses Orchester unter diesem Dirigenten sein. Der Standard der Aufnahmetechnik ist international identisch und das Resultat internationaler Schulung ebenfalls! Weltweit werden die gleichen Mikrophone benutzt und dieselben Pegel diskutiert. Klang und Aufnahmetechnik sind vielfach genormt, was zur Nivellierung beiträgt. Dies mag auch ein Grund dafür sein, weshalb viele zu weniger perfekten, aber individuelleren Live-Aufnahmen zurückkehren.

Es ist nicht aufzuhalten, daß unser Abstand zu dem Repertoire, dessentwegen ein Musiker eben Musiker geworden ist, immer größer wird. Ich glaube nicht, daß ein Musiker das Geigen- oder Cellospiel lernt, damit er die gewünschten Effekte eines zeitgenössischen Komponisten erfüllen kann, als da sind: auf den Rükken des Cellos klopfen, mit dem Finger an den Steg klopfen, mit zwei Haaren vor dem Steg und mit zwei Haaren hinter dem Steg kratzen und anderes mehr. In seiner Studienzeit dagegen wird er zunächst einmal die Sauberkeit des Tons, der Intonation lernen, denn wenn er dies nicht beherrscht, wird ihm sein Lehrer mit Recht Schwierigkeiten machen: »Hörst du denn nicht, daß dies zu hoch und dies zu tief ist!« Und dann?

Wir entfernen uns vom Wissen um authentische Wiedergabe des klassischen und romantischen Repertoires immer mehr. Als ich anfing, mich ernsthaft mit dem Beruf des Dirigenten zu beschäftigen, also in den dreißiger Jahren, da lag das Werk Mozarts einhundertundfünfzig Jahre zurück; heute sind es bereits zweihundert Jahre, die uns von diesem Genie trennen. Ob jemand, der heute in die Welt der Musik eintritt, noch bereit ist, sich mit der gleichen Intensität und Aufnahmebereitschaft einen Mozart, Beethoven oder Schubert anzueignen, wie dies meine Generation tat, das wage ich zu bezweifeln. Wir klammerten uns förmlich an eine Schubert-Melodie, sie wurde zur existentiellen Erfahrung.

Dietrich Fischer-Dieskau ist ein Künstler, der älteren und jüngeren Menschen gleichermaßen das Erlebnis »Winterreise« oder eines »Liederkreises« kraft seines ungeheuren Wissens und Könnens vermitteln kann – auch geprägt durch die Zeit, in der er groß wurde. Ich kenne heute keinen außer ihm, der uns so die Gültigkeit und Schönheit eines Schubertschen Liederzyklus näherbringen könnte. Vielleicht ist das in dreißig Jahren wieder anders, ich glaube es aber nicht.

Wir entfernen uns auch von der Bereitschaft, eine Haydn-Symphonie als das zu empfinden, was sie gewesen sein muß: Unterhaltung auf allerhöchster Ebene. Wer ist noch in der Lage, den Charme, den Witz, die Intelligenz von Haydn wahrzunehmen? Wer liefert sich seiner Gewalt, seiner Festlichkeit und seiner Schönheit aus?

Und wenn ich an manche Aufführungen denke, die davon ausgehen: Bachs Musik kann entweder nur leise sein oder nur laut gespielt werden, ohne Crescendo, Diminuendo, ohne Espressivo, ohne Vibrato – ohne Emotion ...

Oder ein anderes Beispiel: So mancher hört die Fünfte von Beethoven, von der er glaubt, er kenne sie in- und auswendig, und sie sei total abgedroschen, um dann festzustellen: »Interessant, der Dirigent ist wesentlich schneller als der andere, der ist wesentlich langsamer, bei dem dauert's 27 Minuten, 30 Sekunden, beim anderen immerhin 32 Minuten 45!«

Ich erinnere mich an eine Münchner Aufführung von »La Bohème« mit einem großen Dirigenten, ja

Spezialisten. Als er nach dem ersten Akt wieder ans Pult trat, bekam er ein heftiges Buh von der Galerie herunter. Wir stellten den Buh-Rufer dann zur Rede und fragten ihn nach den Motiven seines Mißmuts. Seine Antwort: »Der Mann hat keine Ahnung von der Partitur. Ich habe zu Hause eine Platte, da dauert der erste Akt drei Minuten länger! Der ist viel zu schnell da unten!« Die Schallplatte galt diesem Besucher als das gültige Dokument, das er zum Maßstab seiner Kritik erhob. Sicher, der Fall ist nicht überzubewerten, zeigt aber doch, wie das Medium Schallplatte auch Fehlurteile produzieren kann, wenn es zum einzigen Kriterium erhoben wird.

Das wirkt sich eben auf alles aus: auf die Interpretationsweise, auf die Bereitschaft eines jungen Kapellmeisters, sich eine selbst gewonnene Überzeugung zu erarbeiten und sie zur Ausdrucksstärke reifen zu lassen. Manche junge Dirigenten werden Schallplatten-Nachdirigenten, indem sie Einspielungen eines Vorbilds auswendig lernen und die dazu passenden Gesten vor dem Spiegel einstudieren, um dann irgendwann auf die Nase zu fallen... Die Nachwuchsfrage ist also sehr, sehr komplex.

Ich weiß nicht, ob die Bereitschaft, klassische Musik zu hören, gesteigert wird, wenn sie in jedem Fahrstuhl und in jedem Restaurant, im Hotel oder Flugzeug unaufhörlich gedudelt wird. Wird sie überhaupt noch registriert, wirklich auf- und wahrgenommen? Ich glaube nicht, daß mit dieser Berieselungsstrategie der klassischen Musik ein Dienst erwiesen wird.

Zur Zeit von Bach, Mozart und Schubert waren die Menschen, meine ich, enger als heute mit der Musik verbunden. Sie hat ihnen wirklich etwas gegeben; sie war in der Lage, sie zu bewegen. Heute scheint die Verbindung zwischen den Menschen und der zeitgenössischen Musik unterbrochen. Wer hat denn noch Zeit und Lust, sich mit einem aktuellen Komponisten eingehend auseinanderzusetzen?

Keiner von uns weiß, wie Bach und Mozart zu ihrer Zeit aufgeführt wurden. Die Überlieferung berichtet zwar, es sei »sehr schön« gewesen. Aber wie ist eine »Figaro«-Ouvertüre tatsächlich gespielt worden? Selbst Spezialisten von heute und Aufführungspuristen wissen es nicht.

Genausowenig ist bekannt, ob in der damaligen Zeit der Kontakt zum Publikum enger war als heute. Wir wissen, daß Schubert seine kleinen Zirkel hatte, in denen er die neuesten Kompositionen aufführte. Saßen aber jemals in einem »Liederabend« vierhundert, eintausend, zweitausend andächtige Zuhörer? Wir haben keine Ahnung, wie viele Menschen sich mit der Musik ihrer Zeit identifizieren konnten.

Ist die Musik – wie immer behauptet wird – tatsächlich der Ausdruck der Zeit, in der man lebt? Dann wäre die Überlegung richtig, daß wir uns innerlich immer weiter von dem entfernen, was uns einmal wert und teuer war. Und die Musik unserer Zeit, hat sie die Chance, wirklich eine Rolle in unserem Leben zu spielen? Schwer vorstellbar.

PROBEN ODER DAS INNERE OHR

Voraussetzung für jeden Erfolg ist die Probenarbeit. Da sind zunächst einmal die technischen Proben – Proben also, die dazu dienen, daß jeder Musiker die ihm vorliegende Stimme technisch bewältigt, wobei zu diesem technischen Ablauf sowohl das richtige Abspielen der gedruckten Noten gehört als auch die Bewältigung der rhythmischen Notwendigkeiten, wie sie vom Komponisten gefordert werden. Ich gehe davon aus, daß ein Musiker, gleich welches Instrument er spielt, das geforderte Rüstzeug besitzt, all das, was verlangt wird, umzusetzen. Er muß es nicht vom Blatt spielen, aber er muß eine Stelle nach zwei-, dreimaligem Durchspielen technisch beherrschen. Um das aber von einem Ausführenden verlangen zu können, muß ich selbst einen genauen Überblick über das haben, was gespielt werden soll. Ich muß, ausgehend von den Einzelstimmen, den Gesamtklang des Orchesters im Ohr haben, die Harmonien kennen.

Vorbedingung ist, daß ich bei der ersten Probe weiß, was ich will, welches Tempo ich will, welche Dynamik ich will, wie ich das mir von den einzelnen Gruppen und Stimmen Angebotene für meine Vorstellungen nutzbar mache. Viel hängt natürlich davon ab, wie bekannt das Stück ist oder ob es vollkommenes Neuland ist. Je nachdem wird man ganz andere Kriterien bei der Probenarbeit gelten lassen. Es macht einen gewaltigen Unterschied, ob ich nun die 1. Symphonie von Brahms zum erstenmal mit einem Orchester probiere, das diese Symphonie unter anderen Dirigenten schon etliche Male gespielt hat, oder ob es sich um ein relativ unbekanntes Werk oder gar eine Uraufführung handelt: Der Ablauf der Proben wird sich an solchen Voraussetzungen orientieren.

Manche Dirigenten behaupten, sie hätten grundsätzlich und immer zuwenig Proben. Diesen Standpunkt teile ich nicht, zumindest nicht generell. Es hängt davon ab, um welches Stück es geht und auf welche Orchesterqualität man stößt. Meine Intention ist es, die Proben dazu zu verwenden, in der Ausführung möglichst nahe an das heranzukommen, was beim Lesen der Partitur als Idealvorstellung in meinem inneren Ohr entstanden ist.

Lese ich eine Partitur, so habe ich einen Eindruck davon, wie es klingen könnte oder wie es für meine Begriffe klingen sollte. Was ich dann zu Beginn der Zusammenarbeit zunächst angeboten bekomme, hat manchmal mit dieser Idealvorstellung wenig zu tun. Ich nutze die Proben also als die einzige Möglichkeit, im Laufe der zur Verfügung stehenden Zeit mich ihr zu nähern.

Die größte Genugtuung habe ich, wenn ich, was die klassische, romantische und der ersten Jahrhunderthälfte zugehörige Musik betrifft, in Ruhe eine Partitur lese. Ich bin ein großer Verehrer von Beethovens letzten Streichquartetten. Diese Partituren sind für mich unglaublich aufregend, weil ich alles so höre, wie es da geschrieben steht: vollkommen! Die Ausführung ist an vielen Stellen aber so irrsinnig schwer, daß eine Live-Aufführung der Quartette nicht immer diesem Ideal entsprechen kann und ich kaum je sage: Genauso hab' ich es gelesen, genauso sollte es klingen!

Es gibt Partituren, die aufgrund ihrer Schwierigkeit – etwa rhythmische Phrasierungen – nur sehr schwer ideal aufzuführen sind. Das geht sogar zurück bis zu einem berühmten klassischen Beispiel, dem 1. Satz der 7. Symphonie von Ludwig van Beethoven, der auf dem Papier hinsichtlich des Rhythmus zwar verblüffend einfach zu lesen ist, aber zu 95 Prozent nicht umgesetzt werden kann. Rein vom spieltechnischen Ablauf her gibt es Passagen, von denen man meint: Das ist doch ganz einfach! Steht doch alles unmißverständlich da! Und doch ist es strichtechnisch kaum zu bewältigen. Es gibt einen wunderbaren Probenmitschnitt von Bruno Walter mit dem Columbia Orchestra, in dem Walter mit wahrer Engelsgeduld dieses Problem zu lösen versucht, aber schließlich aufgeben muß. Es scheint ein musikalischer Grenzfall zu sein. Auch ich habe bei vielen Proben immer wieder versucht, dem richtigen, dem geschriebenen Rhythmus nahezukommen. Drei, vier Takte lang funktioniert das: »Genau! Und so das ganze Stück durch!« – Nach weiteren fünf Takten aber läßt es nach, und nach dem zwanzigsten Takt begreift man wieder die Undurchführbarkeit des Unterfangens. (Punktierte Sechs-Achteltakt-Rhythmen in schnellem Tempo gehören in der Ausführbarkeit ohnehin zum technisch Schwierigsten.)

Dies meine ich, wenn ich von den Problemen bei der Umsetzung an sich leicht les- und vorstellbarer Abläufe spreche. Die Wirklichkeit läßt manches nicht zu, sie zwingt den Dirigenten, seine gestalterischen Vorstellungen zu ändern.

Man probiert vor allem Details, die technisch nicht funktionieren oder die man im musikalischen Ablauf mit einem anderen Ausdruck füllen möchte. Vieles muß ohnehin mehr oder weniger automatisch laufen, sonst würde die Probenzeit nie ausreichen. Aber da ist eine Stelle, die besser werden muß. Und endlich hat man es erreicht, daß dieser Übergang, eine dynamische Abstufung innerhalb des Orchesters, die Balance dem inneren Ohr nahekommen – man ist selig: »Das ist es!« Im Konzert genieße ich diese persönliche Seligkeit dann um so mehr.

Jedes gute Orchester ist flexibel genug, auf Anweisungen, die von den Proben abweichen, zu reagieren. Dazu bedarf es allerdings entsprechender Gestik, die so zwingend und betont sein muß, daß sich der betreffende Musiker angesprochen fühlt. Ein Augenkontakt genügt dann, um Änderungswünsche zu übertragen. Was die Gestik betrifft, so entstehen bei der Umstellung von einem auf den anderen Dirigenten kaum Probleme. Die Eigenheiten, die jeder Dirigent bezüglich seiner Schlagtechnik und seiner Übertragungsfähigkeit auf das Orchester hat, wird jeder Musiker rasch einzuschätzen lernen.

Wenn nach dem Konzert manchmal Zuhörer auf mich zukommen und sagen, das Orchester habe heute abend ganz anders als sonst geklungen, so ist dies offensichtlich als Kompliment gedacht. Ich bin dann zumeist etwas ratlos, was ich antworten soll, denn ich weiß nicht, wie das Orchester sonst klingt. Ich weiß nur, daß ich als Dirigent bemüht bin, aus ihm einen bestimmten Klang herauszuholen. Ich versuche, die Musiker schon bei den Proben zu animieren und zu motivieren, in einer bestimmten Phrase entweder mehr oder weniger Vibrato zu spielen und gewisse Bogenstriche nach meinen Vorstellungen zu ändern; ich bitte die Bläser vielleicht, weniger zu atmen oder längere Phrasen auf dem gleichem Atem zu spielen und so weiter. Warum das Orchester jetzt plötzlich anders klingt, als es vorher geklungen hat, kann ich nicht beurteilen.

So bemühe ich mich, dem Orchestermusiker ein Höchstmaß an persönlicher Freiheit zu lassen, aber ihn gleichzeitig zu musikalisch-musikantischer Mitwirkung zu »zwingen«. Bei aller Kontrolle, die ich ausübe, soll der einzelne die Möglichkeit zu eigenem Musizieren haben. Ich bin immer gut damit gefahren, den spontanen Ehrgeiz der Musiker herauszufordern. Das Ziel ist, eine möglichst weitgehende Mitwirkungsbereitschaft des einzelnen zu erreichen. Er muß überzeugt sein oder zumindest anerkennen, daß die Vorstellung, die ich von einem Werk habe, von der interpretatorischen Seite her gesehen Sinn macht.

Es gibt freilich auch einen Punkt, an dem man »überprobt«. Man kann durch Proben einen gewissen Grad an Perfektion erreichen, an dem man sich sagt: Vieles von dem, was ich mir als »ideal« vorstelle, hab' ich erreicht. Warum sollen wir das jetzt noch einmal spielen? Es kann doch eigentlich nicht besser werden.

Im Konzert kommt dann natürlich zwangsläufig noch eine andere Dimension hinzu – das Publikum.

Man musiziert in einer anderen Situation. Aber mit diesem Gefühl des »Überprobens« ein gut ablaufendes Werk noch einmal durchzuspielen, das wäre Zeitverschwendung. Es ist, denke ich, wichtig, diesen Punkt genau zu erkennen. Oft geht es in einer Probe nicht ganz so, wie ich es will. Trotzdem korrigiere ich es nicht! Aus gutem Grund!

Und dann kann es etwa zu folgendem Dialog kommen: »Herr Sawallisch«, sagt ein Bläser, »könnten wir diese Takte nicht noch einmal probieren?«

»Glauben Sie, ich habe nicht gemerkt, daß Sie da nicht zusammen waren?«

»Wir müßten da noch besser auf die Celli hören!«

»Dann machen Sie das mal heute abend!«

Mit wenigen Ausnahmen hat ein solches Procedere ein hervorragendes Ergebnis zur Folge, denn gerade an diesen Stellen ist die Aufmerksamkeit des Orchesters dann besonders groß. Die Präsenz des Publikums und die zusätzliche Anspannung spielen da eine wichtige Rolle.

Die Tatsache, daß ich Musik machen darf, versetzt mich vor eigentlich jeder Aufführung in eine gewisse Hochstimmung. Ich weiß, daß wir vorbereitet sind, daß es gutgehen muß... Aber es ist nicht zu vermeiden, daß auch andere Faktoren wichtig werden können. Persönliches Leid oder ein gravierendes Erlebnis, das einen der achtzig Musiker vor dem Konzert bewegt hat – nichts bleibt ohne Einfluß. Auch Zahnweh macht wahrscheinlich unkonzentrierter. Wetterumschwünge spielen eine Rolle. All das sind normale Vorgänge, die sich auf die Stimmung und die Spielbereitschaft auswirken.

Manchmal hat man als Dirigent nach einem Opernabend oder einem Konzert das Gefühl, diese Aufführung so schnell wie möglich vergessen zu müssen, weil vieles nicht so funktioniert hat, wie man es wollte – aber für die anderen war es einer der größten, hinreißendsten Erfolge.

Aber es kann auch umgekehrt sein: Man liefert einen Abend ab, an dem alles hervorragend funktioniert. Man hat den Eindruck, besser kann es einfach nicht mehr sein! Alle Beteiligten sind begeistert oder wenigstens mit sich zufrieden. Und das Publikum? Es reagiert anders.

Unwägbarkeiten!

AKUSTIK

Eine gute Akustik hilft den Ausführenden, dem Dirigenten wie den Musikern. Aber was ist das, eine gute Akustik? Sie gibt Höhen und Tiefen gleichermaßen wieder; sie produziert einen gewissen Nachhall, der von den ganz Gescheiten auf 1,8 bis zwei Sekunden festgelegt worden ist; sie hilft mit, die Musik und ihre Struktur, auch und gerade in den Mittelstimmen, klar und durchsichtig zu halten. Da treffen also mehrere Faktoren zusammen, die, wenn sie optimal aufeinander abgestimmt sind, Mitwirkende, Publikum und Kritiker begeistern.

Es gibt aber auch das Gegenteil. Ich habe in Sälen dirigiert, die alle diese oben erwähnten Voraussetzungen theoretisch erfüllt und trotzdem eine »Baß-Schwäche« hatten, das heißt, das Fundament wird dort nicht wiedergegeben. Ein anderer Saal wiederum kann »Höhen-unfreundlich« sein, und das klingt dann, wie wenn man auf der häuslichen Stereoanlage alle Höhen wegdreht. Säle dieser Art sind schwer zu bewältigen, weil sie die Balance innerhalb des Orchesters beeinträchtigen und man während der Aufführung daran denken muß, die Bässe zu forcieren, während man sie am Tag zuvor in einem anderen Saal noch zurückhalten mußte. Dieses Problem stellt sich vor allem auf Konzertreisen.

Es gibt Säle, die so »strohtrocken« sind, daß ein Tutti-Schlag wie ein Schuß klingt. Akustische Verhältnisse dieser Art können von Vorteil sein, etwa bei der Musik Strawinskys, die manchmal sehr maschinell abläuft, absolut klar und eindeutig klingen muß und wo jeder übermäßige Nachhall die folgenden Harmonien zerstören würde, weil immer noch etwas nachklingt, was längst verklungen sein sollte. »Trockene« Säle sind für mein Empfinden tödlich für jegliche Art romantischer Musik, vor allem aber bei Bruckner, dessen Werke speziell auf den Nachhall ausgelegt sind. Ein kirchenhafter Nachhall von einigen Sekunden ist bei ihm Kompositionsbestandteil. Man spürt förmlich, wie Bruckner selbst an der Orgel saß, improvisierte, immer mehr Register zog, einem Höhepunkt zustrebte – um abrupt abzubrechen. Er nutzte den Nachhall, um ein anderes Manual zu nehmen und andere Register zu ziehen. Man hat dann nie das Gefühl von Leere, denn der Nachhall schlägt die Brücke vom vorhergehenden Akkord zum Neuanfang. Daraus erklären sich manche formale Probleme bei Bruckner und viele der unvorhergesehenen Schlüsse – etwa der 4. oder der 7. Symphonie. Ein »trockener« Saal kann einen da zur Verzweiflung bringen.

Selbst Musik von Mozart oder Haydn, in einem solchen Saal gespielt, kann in mir Angstzustände auslösen. Der Beginn von Mozarts »Kleiner Nachtmusik« zum Beispiel, wo auf den ersten zwei Takten nur der reine G-Dur-Akkord aufgelöst wird und nichts anderes passiert, ist in einem trockenen Saal tödlich, weil er nur den billigen Effekt eines G-Dur-Akkords wiedergibt und keinerlei Verbindung zwischen den Tönen schafft.

Wie zu allem werden auch dazu unterschiedliche Meinungen vertreten: Manche Akustiker schwören auf diesen Effekt und behaupten, genau das sei der »richtige« Klang. Sicher, eine gewisse Tonverlängerung läßt sich auch beim Spielen erzeugen. Man kann einen Akkord wie einen Schuß bringen oder weicher ansetzen, eine halbe Sekunde länger spielen – man kann sich daran gewöhnen, alles breiter zu spielen, auch ein Staccato.

Ideale Konzertsäle gibt es sehr, sehr wenige. Ideal in dem Sinn, daß sich das Orchester auf dem Podium gut hören kann, daß die ersten Geigen wissen, was bei den Kontrabässen passiert, die Kontrabässe wissen, was bei den Flöten passiert, und das Orchester in sich reagieren kann. Ideal aber auch dahingehend, daß sie für den Dirigenten und das Publikum angenehm sind.

Ich kenne nicht alle Säle der Welt, aber ideal ist meines Erachtens das Concertgebouw in Amsterdam. Dasselbe gilt für den Goldenen Saal des Musikvereins in Wien, dessen aufgehängte hölzerne Deckenkonstruktion wie ein riesiger Resonanzkasten wirkt. Beide zählen mit Recht zu den besten Konzertsälen überhaupt.

Heutzutage werden hervorragende Säle in Japan gebaut. Da kann man mit beinahe absoluter Sicherheit davon ausgehen, daß alle genannten Voraussetzungen – auch bei kleineren Sälen in kleineren Städten – stimmen: Verständnis des Orchesters untereinander auf der Bühne, Höhen und Tiefen gleichermaßen entwikkelt, Durchsichtigkeit bei einem Gesamtklang, direkte Ansprache des Publikums und nicht wie durch einen Vorhang, wie das oft der Fall ist. Ich durfte in den vergangenen dreißig Jahren einige Säle in Japan einweihen und war noch nie enttäuscht. Jeder dieser Säle lag zumindest über dem Durchschnitt, einige können sogar als besonders gelungen gelten.

Es ist immer ein aufregendes Moment, mit Stücken in einen Saal zu gehen, die da noch nie gespielt worden sind, und diese Unberechenbarkeit in den Griff zu bekommen. Man macht Sitzproben auf dem Podium, man plaziert zum Beispiel die Kontrabässe auf die andere Seite, rückt die zweiten Geigen manchmal weiter nach links, manchmal nach rechts, setzt die Bläser etwas erhöht. Manchmal entscheidet man, das Orchester auf einer Ebene spielen zu lassen, damit die rückwärtigen Bläser nicht zu stark werden. In der Suntory Hall in Tokyo, einem der besten Säle überhaupt, gibt es sogar bewegliche Podeste, die solche Entscheidungen erleichtern.

Eine absolut richtige Einstellung kann man aber bei der Probe ohnehin nicht erreichen, denn der Saal ist leer. Man müßte zweitausend Komparsen bemühen, die Publikum spielen, aber auch das würde letztlich noch immer nicht hundertprozentig funktionieren: Ein trockener Sommertag, ein trockener Wintertag oder ein Regentag – und es klingt schon wieder ganz anders, denn der Grad der Luftfeuchtigkeit beeinflußt die Akustik nachhaltig.

Ohnehin hat jeder Zuhörer vermutlich eine eigene Vorstellung von idealer Akustik. Auch in der billigsten Stereoanlage lassen sich Höhen und Tiefen regulieren. Wenn nun jemand über Jahre zum Beispiel nachts Musik hört, wird er, um die Nachbarn nicht zu stören, die Bässe zwangsläufig dämpfen und dann vielleicht über die Höhen die Streicher anheben, um mehr Brillanz zu erhalten; er wird sich also »seine« ideale Akustik zurechtlegen. Dann sitzt er in einem Konzertsaal und wird mit einem ganz anderen Klangbild konfrontiert, einem »falschen«, wie er vielleicht meint.

Wir kennen auch das andere Beispiel: den perfekten, überperfektionierten Digital-Sound aus der vollkommenen Anlage in einer idealen häuslichen Situation – mit der Wirklichkeit hat dieser Klang dann allerdings nichts mehr zu tun.

Es gibt Säle, die ich nicht mehr betrete. Wenn ich eingeladen werde, dort zu gastieren, sage ich klar und deutlich »nein«. Vor allem dann, wenn ich genau weiß, daß alle Anstrengungen, die man unternimmt, für die meisten Plätze im Publikum vergeudet sind.

Der Dirigent selbst kann von keiner anderen Hörgewohnheit ausgehen als von der an jenem Platz, an dem er steht. Bei Gastspielen und Tourneen wird er aber häufig mit Sälen konfrontiert, die er nicht kennt. Dann wird er sich mit dem Orchester ein Klangbild formen und dieses so lange ausbalancieren, bis es ihm an der Stelle, an der er steht, optimal erscheint. Ob ihm das wirklich gelingt, ist eine andere Frage. Es kann ihm also durchaus passieren, daß er später liest, die Bässe, die an seinem Platz absolut richtig geklungen haben, seien »überbeleuchtet« gewesen.

Falsche Entscheidungen in dieser Hinsicht können furchtbare Folgen haben, vor allem auch bei Konzertveranstaltungen, die in Opernhäusern gegeben werden. Opernhäuser sind für den Gesang und das Geschehen auf der Bühne und für eine optimale Akustik des Orchesters im Graben eingerichtet. Geht man für ein Orchesterkonzert aus dem Graben auf die Bühne, also dorthin, wo die Akustik eigentlich am besten ist, und meint, alle Probleme gelöst zu haben, so unterliegt man einem bösen Irrtum. Wo sonst der Tenor oder der Sopran steht, sitzen jetzt die ersten Geigen – aber das ist etwas ganz anderes. Solche Erkenntnisse sind manchmal sehr deprimierend.

Ich habe, als ich in Köln einmal »Arabella« dirigierte, kurz nacheinander zwei wütende Briefe bekommen. Der eine stammte von einem Mann, der sich beklagte, er habe von der Bühne nichts verstanden, denn das Orchester habe die Stimmen erschlagen. Ein anderer schrieb, ob es jetzt ein neuer Stil sei, Richard Strauss mit sechs ersten Geigen zu spielen; das Orchester habe jammervoll dünn geklungen. Ich habe mir dann erlaubt, die beiden Briefe mit einem entsprechenden Begleitschreiben gegenseitig auszutauschen.

Grundsätzlich kann man davon ausgehen, daß die alten Säle, die noch in der Ziegelbauweise errichtet wurden, besser sind. Viele wunderbare Konzertsäle sind im Krieg zerstört worden und unwiederbringlich verloren, wie die Tonhalle in München, die Berliner Philharmonie oder das Gewandhaus in Leipzig. Was nach dem Krieg gebaut wurde, ist zumeist schnell hochgezogen worden, und da hilft es dann auch nicht viel, die Betonwände mit Holz zu verschalen, das nicht schwingt, weil es nicht genügend abgelagert ist.

Es wurden und werden unablässig Experimente in dieser Hinsicht gemacht. Vielleicht kann man Konzertsäle wirklich nicht mehr in der alten Form errichten: einfach rechteckig wie eine Zigarrenkiste. Irgendwann fing man damit an, asymmetrische Säle zu bauen, die eine Seite wurde da, wohl aus architektonischen Gründen, plötzlich länger als die andere, das Orchester rückte an die Seite – und alle Echo-Verhältnisse stimmten nicht mehr. Meines Wissens ist bei dieser Art Verletzung der physikalischen Gesetze bisher noch nie etwas herausgekommen. Auch nachträgliche Veränderungen bringen nicht viel, wenn das Grundkonzept nicht stimmt.

In Phoenix (Arizona), mehr oder weniger mitten in der Wüste, gibt es einen Konzertsaal, der vielen als Nonplusultra gilt: von Frank Lloyd Wright gebaut, konstruiert wie eine Glocke, aufgehängt, nach allen Seiten frei schwingend, in einen anderen Saal hineingesetzt, mit einem mitschwingenden Zwischenraum von über einem Meter. Ich habe dort mit einer Bruckner-Symphonie konzertiert – phantastisch.

Konzertsäle und Opernhäuser, in denen jeder Platz eine ideale Akustik hat, gibt es nicht. Auch in den besten Konzertsälen und Opernhäusern dieser Welt lassen einige Plätze in puncto Akustik zu wünschen übrig. Im Parkett werden ab einer bestimmten Reihe – zumindest dort, wo der Überbau des Balkons und der Ränge beginnt – immer weniger gute akustische Verhältnisse herrschen. Bei nahezu jedem Opernhaus kann man davon ausgehen, daß die Akustik und vor allen Dingen die Homogenität zwischen Bühne und Orchestergraben besser wird, je weiter oben die Plätze liegen. Die Galerie hat bekanntlich die beste Akustik: ein Grund, weshalb in vielen Opernhäusern die sogenannten Partitur- und Hörplätze, auf denen man von der Bühne nichts mehr sieht, ganz oben liegen.

Auch von der Bühne her gibt es unterschiedliche Möglichkeiten der akustischen Übertragung auf den Zuschauerraum. Nehmen wir zum Beispiel die Mailänder Scala: Scala-erfahrene Sänger wissen genau, welche Plätze sie bei besonders wichtigen Arien einzunehmen haben. Den Tenor, den Sopran, den Bassisten findet man dann immer auf dem Quadratmeter, der von der Bühne aus die maximale Wiedergabe garantiert.

Es gibt große Wagner-Partien – etwa Siegfried oder Tristan –, die auch vom Akustischen her immens schwer sind, da ihre Interpreten gegen ein riesiges Orchester ansingen müssen. Da wird es die Aufgabe des Bühnenbildners sein, den Künstlern die Möglichkeit zu schaffen, sich in der Dekoration wie in einer Schallmuschel zu bewegen. Auf einer weitgehend leeren Bühne ist es sehr schwer, »durchzudringen«, da der Stimmklang sich nach oben in den Schnürboden und in die Seitenbühnen verliert.

Beim verdeckten Bayreuther Orchester ist es für den Dirigenten nicht ganz einfach, eine optimale Balance im Saal zu finden, weil er zum Saal selbst keine Verbindung hat. Hinter ihm ist die Brüstung, die ihn vom Zuschauerraum trennt, über sich hat er den Schalldeckel, der ihm einen phantastischen Orchester-Sound zuspielt, der vom Orchester aus – von Richard Wagner genial konzipiert – auf die Bühne strahlt, sich wie ein Klangteppich unter die Stimmen der Sänger legt und mit ihnen gemeinsam in den Zuschauerraum hinausgeht. Manche Dirigenten, hat man mir gesagt, hätten da Schwierigkeiten. Ich hatte sie in den sechs Jahren meiner Bayreuth-Tätigkeit nicht.

In den »normalen« Opernhäusern ist der Dirigenten-Platz akustisch selten ideal. Es gehört einige Erfahrung dazu, die jeweiligen Verhältnisse richtig einzuschätzen und Singstimmen nicht mit dem Orchester zu überdecken.

Es gibt Häuser, in denen selbst ein 150 Mann starker Chor von bestimmten Stellen der Bühne aus kaum zu hören ist. Opernhäuser werfen zu Fragen der Akustik jedenfalls oft größere Probleme auf als Konzertsäle.

FLEXIBILITÄT

ANDERE LÄNDER, ANDERE SITTEN

Ich frage mich manchmal, inwieweit ein Schauplatz des Geschehens, genauer: ein fremdes Land, sich in meiner Arbeit reflektiert. Und vor allem, was bedeutet dies für die tägliche Arbeit?

Es gibt zwei Länder, Italien und Japan, in denen wir, meine Frau und ich, schon bisher einen großen Teil des an die Arbeit gebundenen Lebens verbracht haben. Hier wie in anderen Ländern haben wir nicht nur Erfolge feiern können, sondern auch viele Freunde gewonnen und menschliches Entgegenkommen gefunden. Jetzt kommt eine neue Erfahrung hinzu, Amerika.

Wie sich das Leben in Amerika für mich letztlich darstellen wird, ist schwer zu sagen. Es ist wohl noch zu früh dazu. Bisher war ich so konzentriert auf meine Arbeit, daß ich mir kaum ein Urteil anmaßen möchte. Doch wir sind offen für dieses Land, und wir haben bislang nur positive Eindrücke gewonnen.

Japan ist sicher eines der diszipliniertesten Länder der Welt, was die Pünktlichkeit zum Beispiel eines Probenbeginns und die Konzentration und Aufnahmebereitschaft des einzelnen Musikers betrifft. In den Hunderten von Proben, die ich in Japan geleitet habe, kam es nicht ein einziges Mal vor, daß wir nicht pünktlich – sagen wir um 10 Uhr – hätten anfangen können. In Italien dagegen gibt es keinen Probenbeginn, der sich nicht durch irgendwelche Umstände und triftige Gründe verzögern würde. Auch das ist liebenswert. Man gewöhnt sich irgendwie daran.

Aber Disziplin erleichtert die Arbeit enorm. In Japan ist es nicht nötig, mit einem bösen Wort um Ruhe zu bitten oder zu kontrollieren, ob ein Ab- oder Aufstrich eingetragen worden ist. In Italien erinnert sich ein Musiker vielleicht gerade noch an das gestern Gesagte; einen Bleistift hat er zumeist nicht zur Hand, aber er verspricht hoch und heilig, bis zur Generalprobe werde schon noch alles in Ordnung kommen. Und so ist es dann auch: Bei der Generalprobe ist alles in Ordnung!

In Amerika sind die Gewohnheiten wieder anders – ein wunderbares Mittelding zwischen den oben geschilderten Extremen. Da gibt es den »Librarian«, der für die Stimmen verantwortlich ist. Und wenn ich einen Strich ändern will, der Folgen für die nächsten Takte hat, dann sagt der Konzertmeister: »Maestro, machen Sie weiter, bei mir ist der von Ihnen gewünschte Strich eingezeichnet, bis morgen früh hat der Librarian den Strich auf alle Stimmen übertragen!«

Und was die Pünktlichkeit angeht? Neben dem Dirigentenpult steht ein Stuhl mit einer genau gehenden Quarzuhr, und jeder weiß, die Probe oder die Aufnahme hat zu einer bestimmten Zeit zu Ende zu sein; dabei geht es dann um Sekunden. Vor jeder Probe oder Aufnahme gibt es den Uhrenvergleich. Man hat mir einmal mit überschwenglicher Begeisterung gratuliert, weil ich eine Aufnahme acht Sekunden vor der festgelegten Zeit beendet hatte. So präzise zu arbeiten, daß zwischen der letzten aufgenommenen Note und der gewerkschaftlich zugelassenen Aufnahmezeit noch einige Sekunden Spielraum sind, das empfindet man dort als sensationell.

Wenn diese Zeit aber überschritten wird, kann das zur Katastrophe führen. Hat der Dirigent nicht genügend Disziplin, um mit der ihm zur Verfügung gestellten Zeit auszukommen, dann kann es ihm passieren, daß die Aufnahme abgebrochen wird, obwohl noch ein paar Takte zu spielen wären. Der Zug ist abgefahren, und »that's it«. Damit muß man dann leben.

Das gleiche gilt für Proben. Doch ist es möglich, von vornherein eine Probenverlängerung zu beantragen. Mir ist es bisher jedenfalls noch nicht widerfahren, daß man mir gesagt hätte: »Das geht nicht!«

Mir ist es auch noch nie passiert, daß ich mit einem Programm einmal nicht durchgekommen wäre. Ich bin allerdings bei Orchestern, die ich nicht kenne, entschlossen, zu sagen: »In vier Arbeitsproben mache ich dieses Stück nicht!« Damit bin ich bisher immer gut gefahren.

Man lernt, auch Einschränkungen zu respektieren.

KRITISCHE SELBSTBEFRAGUNG

Als Langzeit-Disposition schwebt mir vor, mit dem Philadelphia Orchestra die Repertoirestücke perfekt zu erarbeiten. Das Orchester ist in den letzten Jahrzehnten, sicherlich aus gutem Grund, ein bißchen auf »let's go« ausgerichtet gewesen. Die Detailarbeit ist zu kurz gekommen, und ein gewisses »großflächiges Musizieren« hat sich durchgesetzt, das für die Musik von Prokofieff, Schostakowitsch, Tschaikowsky gelegentlich durchaus angemessen sein mag, denn da ist das Detail nicht so entscheidend. Das ist anders gerade bei Richard Strauss, wo manchmal zwei, drei Takte exakt im Detail erarbeitet werden sollten, um genau zu erkennen, was Strauss gemeint hat. Und wenn dieses Detail nicht perfekt da ist, gerät man in Gefahr; denn es handelt sich um sehr exponierte Stellen, die von der Intonation, Sauberkeit und Präzision spezielle Aufmerksamkeit erfordern.

Ich würde in nächster Zeit gern einige Bruckner-Werke aufführen, etwa die f-Moll-Messe, für mein Empfinden eines der größten kirchlichen Werke überhaupt. Auch Bruckners Symphonien werde ich mehr als bisher ins Programm integrieren. Nach meiner

Aufführung von Bruckners 4. Symphonie haben wir vom Publikum große Zustimmung erhalten. Ich werde die Bruckner-Pflege also voraussichtlich intensivieren.

Ich will mein Augenmerk auch mehr auf Franz Schubert und Robert Schumann richten. Doch wird sich dieser Programm-Aspekt quantitativ kaum von dem unterscheiden, was in den letzten Jahrzehnten gespielt wurde. Ich stelle mir nur manche Programm-Entscheidungen und -Interpretationen anders vor.

Die erneute Beschäftigung mit der großen symphonischen Literatur, die jetzt, nach Beendigung meiner Operntätigkeit in München, wieder im besonderen Maße auf mich zukommt und der ich mich mit viel Hingabe und Selbstkritik unterziehe, lehrt mich, in vielen der von mir schon oft interpretierten Werke noch mehr an musikalischen und geistigen Werten zu entdecken. Dabei spielt wohl auch die Frage des Älterwerdens eine Rolle. Die jetzige Auseinandersetzung mit bekannten Partituren bedeutet freilich nicht, daß ich etwa frühere Aufnahmen erneut abhöre.

Unlängst kam in Philadelphia ein Mann auf mich zu, der mir eine Aufnahme der 2. Symphonie von Brahms präsentierte, die ich vor genau dreißig Jahren mit den Wiener Symphonikern eingespielt habe. Ich muß gestehen, daß ich an diese Aufnahme keinerlei Erinnerung mehr habe und auch keine Platte von ihr besitze. Ich bin mir bewußt, daß ich sie mit den Wiener Symphonikern in Wien aufgenommen habe, aber ich weiß nicht mehr, wie. Ich würde meine frühere Auffassung auch nicht kontrollieren wollen, denn heute habe ich mit Sicherheit andere Vorstellungen, und die habe ich vor kurzem in einer Neuaufnahme mit dem London

Philharmonic Orchestra realisiert. Aber selbst wenn ich diese neuere Londoner Aufnahme heute abhörte, würde ich wahrscheinlich schon wieder manches anders machen wollen.

Wiederbeschäftigung heißt für mich ausschließlich Vertiefung in die Partitur: das Lesen einer Partitur, ehe ich mir eine Symphonie mit dem Orchester erneut erarbeite. Überrascht stelle ich dann zuweilen fest, daß ein innerer Zusammenhang zwischen Themen oder musikalischen Gedanken besteht, der mir erst jetzt in letzter Konsequenz verständlich und klar wird – und es verblüfft mich, daß ich das früher, vor zwanzig Jahren, nicht bemerkt habe. Wie das im einzelnen zusammenhängt, ob das mit einem Zuwachs an Erfahrung oder einem besseren Verständnis für das Lesen von Partituren zu tun hat, ist schwer zu beurteilen. Und das gilt für Haydn genauso wie für Bach, für Brahms genauso wie für Strawinsky.

In den sechzig Jahren, die ich mich jetzt mit der klassischen Musik beschäftige, hat sich meine Meinung nur vertieft, daß diese Werke mit zum größten Schatz der Menschheit gehören. Je weiter ich mich zeitlich von den Kompositionsdaten der Werke entferne, um so deutlicher wird mir, daß eine Fortsetzung und Weiterentwicklung dieser Musik in den letzten Jahrzehnten nicht erfolgt ist. Oder anders ausgedrückt: Durch dies Wiederbeschäftigen mit Werken, die in mir auch dann nachklingen, wenn ich sie vielleicht zwanzig Jahre nicht dirigiert habe, erkenne ich immer mehr ihren Wert.

Es gibt Perioden – und es ist sicher ein Unterschied, ob man als Musiker oder als Zuhörer Musik erlebt –, in denen man mit Richard Wagner zum Beispiel überhaupt nichts anfangen kann. Und plötzlich, zwanzig Jahre später, ist man ein Wagnerianer, was nicht ausschließt, daß man wiederum zwanzig Jahre später Wagner erneut anders beurteilt und die eigene Begeisterung etwas abbaut. Einstellungen ändern sich. Es gibt Menschen, die Tschaikowsky nicht sonderlich lieben, und plötzlich entdecken sie die Qualitäten einer 5. oder 6. Symphonie oder eines »Eugen Onegin« als große Schöpfungen der Musikgeschichte. Ich persönlich habe keinen Komponisten vor vierzig Jahren mehr verehrt als heute, und umgekehrt hat sich meine Vorliebe für bestimmte Komponisten auch kaum geändert; allenfalls hat sie sich gesteigert – so für Joseph Haydn, von dem ich glaube, daß er uns mehr zu sagen hat, als oft angenommen wird.

Und was die zeitgenössischen Komponisten und die Komponisten des 20. Jahrhunderts angeht? Paul Hindemith ist bisher in seiner kompositorischen Qualität unterschätzt worden, aber es wird sicher noch einige Zeit brauchen, um diese Qualitäten auch dem Publikum nahezubringen.

Dennoch hat sich der Publikumsgeschmack erheblich gewandelt. Nehmen wir die letzten vierzig Jahre auf dem Opernsektor: Unmittelbar nach dem Krieg standen, angefangen mit Augsburg, Werke auf dem Spielplan, die heute kaum noch aufgeführt werden. Etwa d'Alberts »Tiefland« oder Kienzls »Evangelimann«, die längst als antiquiert gelten. Auf der anderen Seite aber bedauere ich sehr, daß Komponisten wie Cornelius in Vergessenheit geraten sind. Wir haben auf dem Opernsektor manches beiseitegeschoben, was musikalisch wertvoll ist. Dazu gehören auch die Werke von Carl Maria von Weber, von denen man eigentlich nur noch die Ouvertüren spielt – abgesehen vom »Freischütz«, der aber auch auf zunehmenden Widerstand stößt. Inszeniert man den »Freischütz« so, wie Weber es wollte, erntet man Gelächter; inszeniert man das Stück von einer anderen Warte aus, vermißt man das Original. Da scheiden sich die Geister, wobei sich beide Seiten über die Schwierigkeit, das Stück überhaupt aufzuführen, einig sind.

Ich bedaure sehr, daß Albert Lortzing mit vielen seiner hinreißenden Werke – wie »Wildschütz«, »Waffenschmied«, »Undine«, »Zar und Zimmermann« – nicht mehr gespielt wird. Gerade diese Stücke sollten nicht dem Operettentheater überlassen werden. Sie sollten an musikalischen Spitzenhäusern mit den besten Sängern, Regisseuren, Orchestern und Dirigenten gespielt werden. Eine Wiederbelebung der Lortzing-Opern könnte eine Sensation darstellen, wenn sich exzellente Regisseure und Bühnenbildner dieser Werke im Sinne des Originals annehmen.

»Martha« von Flotow, die Stücke von Marschner und Pfitzner – sie sollten nicht einfach zur Seite geschoben werden. Vielleicht sind sie für die Gegenwart zu retten, was ich bei Carl Maria von Webers »Euryanthe« oder Robert Schumanns »Genoveva« nicht sehe, denn Schumann war kein so versierter Opernkomponist wie Lortzing.

Prozesse dieser Art werden weniger durch das Publikum ausgelöst; die Beurteilung durch die Medien ist da ausschlaggebender. Die Presse ist rasch dabei zu verkünden, diesen und jenen alten Hut wollen wir nicht mehr sehen. Verständlich wäre das, wenn dadurch der Weg für die Produktion neuer Werke frei würde. Bis jetzt aber haben die Neuproduktionen den Verlust noch nicht ersetzt, den die Oper durch den Wegfall der genannten Werke erlitten hat.

Der Umgang mit der Moderne war in den Jahren, auf die ich zurückblicken kann, sehr unterschiedlich: Wir alle leiden unter der Tatsache, daß im Zeitraum zwischen 1933 und 1945 die moderne Musik, die zeitgenössische Musik, im Zentrum Europas kaum noch aufgeführt werden konnte. Die zwölf Jahre des Verbots, das die meisten lebenden Künstler betraf, waren in der Dichtung, in der Malerei, in der Musik ein Einschnitt, den wir bis zum heutigen Tag nicht überwunden haben. Nach zwölfjährigem Mangel – als es dann wieder möglich war, sich mit zeitgenössischen Werken zu befassen – brach ein gewaltiger Überfluß auf uns alle herein, der kaum noch zu verkraften war: Musik von Strawinsky, Bartók, Honegger und Dutzenden anderer Komponisten, von denen wir praktisch nichts wußten – Berg, Schönberg, Hindemith –, kurzum: die gesamte zwischenzeitlich entstandene Produktion stürmte nach 1945 auf uns ein.

Wir leiden bis heute darunter, daß der Brückenschlag aus den zwanziger Jahren zur zeitgenössischen Moderne nicht stattfinden konnte. Wir waren von der Entwicklung der Zwölftonmusik abgeschnitten. Wir konnten die Folgerungen von Hindemiths experimenteller Musik nicht nachvollziehen, und das Werden und Vergehen der aktuellen Musikproduktion war und blieb uns fern. Zuerst wurden wir von einem Tag auf den anderen isoliert und dann überrannt, was zu den ersten Spaltungen innerhalb der sogenannten klassischen Musik führte. Die Musica-viva-Anhänger begannen mit Begeisterung nachzuholen, was das breitere Publikum so nicht mitmachen wollte: Es wandte sich von der Moderne ab und der traditionellen Klassik zu. Und diese Spaltung ist bis zum heutigen Tag ein Problem.

Wie kann man dieser Entwicklung begegnen? Ein Ansatzpunkt wäre, den Musikunterricht an Grundschulen und höheren Schulen auszuweiten und ähnlich ernst zu nehmen wie beispielsweise den Sport. Die Musiklehrer müßten verstärkt versuchen, den Weg zur zeitgenössischen Moderne zu weisen.

Daß ein solcher Brückenschlag machbar und sinnvoll ist, zeigte sich beispielsweise unmittelbar nach dem Krieg, als der Komponist Karl Amadeus Hartmann die Konzertreihe der »Musica viva« ins Leben rief. Hartmann setzte nie ein zeitgenössisches Stück plakativ und provokativ in den Mittelpunkt eines Konzerts, sondern vollzog im Programm selbst die Hinwendung zur zeitgenössischen Musik. So stellte er etwa einen Ravel oder Debussy an den Anfang, um mit einem Zeitgenossen, also einem Fortner oder Henze, zu enden. Ich denke, eine mutige und überlegte Programmgestaltung könnte viel dazu beitragen, die beklagte Spaltung zu überbrücken.

Vielleicht, und das wäre ein dritter Punkt, könnten auch attraktive Einführungskonzerte dazu beitragen, das Verständnis für die Moderne zu wecken.

VOM LUXUS DER FREIHEIT

WIEDERSEHEN MIT PRAG UND DER PHILHARMONIE

Im Jahre 1970 hatte ich mit der Leitung des Festivals in Prag eine Absprache getroffen, den »Prager Frühling« mit der Tschechischen Philharmonie entweder mit Smetanas »Mein Vaterland« zu eröffnen oder, abwechselnd mit Václav Neumann, dem damaligen Chefdirigenten, mit Beethovens Neunter zu beenden. Das war leider später nicht mehr möglich, da der »Prager Frühling« mit den Vorbereitungen zu den Münchner Opernfestspielen kollidierte. Und so wurde meine Zusammenarbeit mit Prag und seiner Philharmonie unterbrochen. Zum letztenmal war ich zwei, drei Jahre vor dem Zusammenbruch und der Wende in Prag gewesen.

Schon deshalb war die Wiederbegegnung mit Prag ein Erlebnis besonderer Art: Ich machte die Erfahrung der Freiheit im doppelten Sinn! Zum einen in bezug auf mich selbst, denn ich konnte diese Stadt, die ja an sich schon Musik ist, ohne Termindruck und ohne die Sorgen eines vielgeplagten Opernchefs genießen. Zum andern im Hinblick auf die vollständig veränderte Situation: keine Polizei am Flugzeug oder in der Ankunftshalle, die kontrolliert, ob man das richtige Visum im Paß hat; niemand fummelt mehr im Gepäck herum ... Mein Gefühl, nicht mehr in einen diktatorischen Polizeistaat einzureisen, ist in Worten nicht beschreibbar.

Erstaunt war ich, wie schön die Stadt renoviert wird. Manche Kirchen, so die Thyn-Kirche, die ich überhaupt nur von Gerüsten umgeben kenne, sind fertig. An anderen Stellen geht man aber immer noch durch ganze Gerüstestraßen – und manche von ihnen scheinen ein äußerst zähes Leben zu haben.

Prag ist eine Touristenstadt geworden. Die Besucher werden bus- und flugzeugweise auf sie losgelassen. Und wer sich durch die Altstadt bewegen will, kämpft regelrecht gegen Menschenströme an. (Wo wohl alle diese Massen nächtigen?) Und über die vielen Autos und den durch sie verursachten Gestank sind die Einheimischen natürlich auch nicht gerade froh.

Die Stadt ist sozusagen für den optischen Ausverkauf geöffnet. Aus der Karlsbrücke wurde ein entsetzlicher Marktplatz. Und viele Touristen führen sich unglaublich auf. Ich kann mir gut vorstellen, daß die Prager von den über sie herfallenden Besucherpulks so erdrückt und schockiert sind, daß sie ihr Erschrecken auf alle Fremden übertragen. Die Folge ist eine merkwürdige Unsicherheit der Leute. Wenn man mit jemandem zum erstenmal spricht, trifft man im allgemeinen auf große Zurückhaltung. Erst mit der Zeit wird es besser; die Menschen tauen allmählich auf und sind dann zumeist von einer Freundlichkeit, die wirklich von Herzen kommt. Aber bis es soweit ist, steht man vor so manchem Rätsel.

Auch beim Orchester war zunächst einmal eine gewisse Reserviertheit vorhanden. Von den altgedienten Philharmonikern waren viele nicht mehr da. Mein erster Eindruck: zahlreiche neue Musiker, überwiegend junge Gesichter. Aber immer noch keine Frauen und keine Ausländer. Ein »rein« tschechisches Orchester also, von einer eindrucksvollen Musizierlust – wenn sie erst einmal geweckt ist.

Die Tschechische Philharmonie ist ein Orchester mit einer phantastischen Disziplin, offen für alle Hinweise, schnell in der Umsetzung – aber im ersten Versuch ein klein wenig mechanisch, nicht wahrhaft empfunden. Erst im Laufe der zweiten der drei Proben, wovon eine öffentlich stattfand, wurde das Zusammenspiel allmählich freier, drangen wir zum wirklichen Musizieren durch.

Größte Achtung verdient, daß sich das Orchester über die politischen Wechselfälle hinweg seine künstlerische Qualität bewahrt hat. Vielleicht war dies auch deshalb möglich, weil sich das Orchester nie von der augenblicklichen politischen Situation beeinflußt gezeigt hat. Zumindest in der Musik hatte die Tschechoslowakei immer internationalen Standard und Kontakt zum Westen. Und gerade weil die tschechischen Musiker in politisch freie Staaten reisen konnten, wurden sie dort mit der entsprechenden Aufmerksamkeit behandelt.

Nun also ging es mit frischen Kräften in einen immerhin vertrauten Saal, der zwar für heutige Anforderungen ein bißchen zu klein ist, dafür aber in neuem Glanz erstrahlt. Die Renovierung des Rudolfinum ist inzwischen abgeschlossen und kann als äußerst geglückt gelten.

Das Programm bestand aus Dvořáks »Slawischen Tänzen«: op. 46 und op. 72, mit jeweils acht Teilen. Den Tschechen gelten sie als die schönsten und bodenständigsten Eingebungen Dvořáks. Eine Symphonie kann schließlich »jeder« schreiben, aber dieses Eindringen in all das, was die böhmische Volksmusik und Mentalität ausmacht, das hat nach ihm keiner mehr geschafft.

Seit meinem ersten Musizieren mit der Tschechischen Philharmonie habe ich die Herausforderung akzeptiert, den Löwen ausgerechnet in seiner Höhle zu wecken, also Smetana und Dvořák in Prag zu spielen. Als ich zum erstenmal eingeladen wurde, den »Prager Frühling« mit »Mein Vaterland« zu eröffnen, hatte ich, wie man so treffend sagt, richtigen Bammel: Wie komme ich dazu, den Tschechen Smetana vorzudirigieren? Aber ich hatte eine hervorragende Presse, Vergleiche mit Vacláv Talich, der vor vielen Jahrzehnten Chef der Philharmonie gewesen war, wurden angestellt. Das Publikum applaudierte frenetisch. Aber am erstaunlichsten war der Satz eines Kritikers: »Endlich wissen wir, wie Smetana das Stück gemeint hat!«

Mit Dvořák erging es mir ähnlich. Ziemlich am Anfang meiner Tätigkeit in Prag habe ich seine 8. Symphonie dirigiert und dann gleich die 9., »Aus der Neuen Welt« – ebenfalls eine Art Nationalheiligtum. Ich habe das Dvořák-Requiem auf Platte eingespielt, das »Stabat Mater« dirigiert und op. 71, »Die Geisterbraut«, aufgeführt. Ich lud den tschechischen Philharmonischen Chor nach Hamburg und München ein und wurde Ehrenmitglied in der Dvořák-Gesellschaft. Auf dem Weg zu Dvořáks Geburtshaus machte man mir klar, wie intensiv ich gerade mit dessen Werk verbunden sei... Ich wußte nicht so recht, wie mir geschah.

Das »Geheimnis« meiner Dvořák-Interpretation bestand offenbar darin, zunächst einmal genau zuzuhören und bei den ersten Proben aufzupassen, wie das Orchester Dvořák spielte; wie zum Beispiel die Streicher manche Phrasen angingen...

»Da muß es doch eine bessere Lösung geben!« sagte ich mir, und schlug den Streichern vor, den Strich einfach umzudrehen. Überraschung im Orchester, dann Erstaunen darüber, daß ein Aufstrich an manchen Stellen tatsächlich besser klingt als ein Abstrich. Und dann ging es vor allem darum, die Lust am Musizieren zu wecken.

Und genau das erlebte ich jetzt wieder bei den »Slawischen Tänzen«: »Machen Sie doch Musik!« entfuhr es mir bei der ersten Probe. »Lassen Sie sich nicht so in einen Rhythmus zwängen, der wie eine Maschine abläuft! Singen Sie mit Ihren Instrumenten – das ist eine der schönsten Musiken, die je geschrieben wurde! Was da alles drin sein kann!«

Ich habe dann tatsächlich versucht, vorzusingen, wie ich es haben wollte, und das Orchester hat es nachgespielt und war begeistert. Plötzlich klang ihr Dvořák anders. Eine Erstarrung begann sich zu lösen. An einer Stelle, bei den Bratschen, sagte ich: »Sie spielen das nur, wie die Noten da stehen! Mag sein, daß das traditionell bei Ihnen so gespielt worden ist. Aber hören Sie doch einmal hin, was parallel dazu oder vorher passiert. Hören Sie nicht, daß die ersten Geigen ein paar Takte früher das gleiche Thema haben? Warum sind Sie so unbeweglich? Sie sollen dieses Thema gleichsam erwidern!«

Der Solo-Bratschist schmunzelte: »Maestro, ich erinnere mich, Sie haben schon einmal vor vielen Jahren zu uns gesagt: ›Die Tradition ist die größte Schlamperei!‹«

»Da haben Sie recht!«

Was mich an Dvořák reizt, läßt sich vielleicht am besten beim letzten der »Slawischen Tänze« – op. 72, Nummer 8 – erläutern. Dvořák überschrieb dieses Werk mit: »Grazioso lento, ma non troppo, come un Walzer.«

Ich habe das angespielt, ganz metronomisch durchgespielt und gedacht: »Viel zu langsam, wo ist da der Walzer?« Und plötzlich kam mir ein furchtbarer musikalischer Verdacht: »Meine Herren, Sie spielen ja Mahler!« Es klang tatsächlich wie der langsame Satz aus einer Mahler-Symphonie, sentimental, für mich schwer erträglich. Das führt bei Dvořák nach meinem Empfinden in die Irre, obwohl die Ähnlichkeit frappierend ist. Aber nicht Dvořák hat sich bei Mahler, sondern Mahler bei Dvořák bedient... (Wenn schon!)

»Spielen Sie doch einmal, was da steht: Langsam, aber nicht zu langsam, wie ein Walzer!« Wir spielten es schließlich wie ein Rubato-Walzerstück, und es klang hinreißend, voll von rührender, heimatlicher Traurigkeit. Ich spüre in dieser Musik eine Heimatverbundenheit, wie sie nur dort entstehen konnte. Undenkbar, im Rheinland so zu schreiben! Man fühlt in dieser Musik das ganze Leben des Landes, die Tänze des Volks, das Leid, die Ausgelassenheit. Es sind die Direktheit und die Ehrlichkeit, die mich an Dvořák so gefangennehmen. Jede Phrase, jeder Takt hat eine Besonderheit, die nur in dieser Musik zu entdecken ist. Es gibt harmonische Wendungen und Modulationen, die keinem anderen eingefallen sind.

Brahms war ein großer Verehrer und Freund Dvořáks. Brahms hat von Dvořák die »Slawischen Tänze« zur Korrektur erhalten, denn dieser hatte sie ursprünglich als vierhändiges Stück für Klavier geschrieben. Auf Anraten des Musikverlegers Nikolaus Simrock hat er sie dann instrumentiert, war sich aber über das Resultat unsicher, und so vertraute er sie Brahms an. Dieser gab ihm offensichtlich einige Hinweise, wie er es auch sehr uneigennützig, aus Freundschaft und Bewunderung für den Kollegen, bei anderen Dvořák-Werken tat.

Die Chorwerke, vor allem das »Requiem« und das »Stabat Mater«, die Symphonien, die »Slawischen Tänze«, die drei Ouvertüren »In der Natur«, »Karneval« und »Othello«, das sind Meisterwerke. Durch sie hat Dvořák Weltgeltung erlangt.

Dvořák könnte nicht in Wien oder in Paris gelebt und gearbeitet haben. Sein Name ist der Inbegriff des böhmischen Musikantentums und wird wahrscheinlich gerade deshalb weltweit geliebt. Jeder hat Zugang zu einer Dvořák-Symphonie wie »Aus der Neuen Welt« – offenbar gerade, weil die Musik regional verifizierbar ist.

Ich habe kürzlich mit dem Philadelphia Orchestra Dvořáks 7., 8. und 9. Symphonie aufgenommen: Musik, die so verständlich und so klar ist, daß sie jedem Orchester zugänglich ist. 1964 habe ich auch mit dem NHK-Orchester in Tokyo einmal eine Dvořák-Symphonie im Programm gehabt – ohne jedes Problem. Bei Strauss ist das schon schwieriger, doch bei Dvořák gibt es keine Hürden, diese Musik nachzuvollziehen. Die Melodie eines langsamen Satzes, eines »Furiant« oder eines schnellen Scherzos offenbart sich sehr leicht. Gibt man, vor allem den Streichern, einige technische Hinweise, so kommt jedes Orchester vorzüglich damit zurecht.

DIE SACHE MIT DEM UNTERSCHIEDLICHEN KLANG

Im Frühjahr 1993 habe ich im Abstand von nur wenigen Tagen das Philadelphia Orchestra, die Tschechische Philharmonie und das Orchester der Scala dirigiert. Ich werde immer wieder gefragt, welchen Wechselbädern der Dirigent angesichts der Unterschiedlichkeit zum Beispiel dieser Orchester ausgesetzt ist. Ich muß ehrlich sagen: Ich empfinde diese Unterschiedlichkeit gar nicht so stark.

Das Philadelphia Orchestra ist für mich kein Gastorchester mehr. Ich arbeite da mit der Perspektive, daß man sich in einigen Wochen wiedersieht und für einen längeren Zeitraum miteinander zu tun hat. Dabei lege ich natürlich die kritischsten Maßstäbe an, denn ich weiß, von dem, was ich heute sage, muß ich das nächste Mal profitieren können. Hinweise sind da eben keine Sache des Augenblicks, sie müssen vielmehr Gültigkeit für eine lange Strecke der Zusammenarbeit besitzen.

Bei der Tschechischen Philharmonie ging es mir vor allem darum, eine möglichst spielerische Komponente mit einzubringen – die Musiker zu zwingen, *ihre Musik* zu machen. Die technischen Voraussetzungen dazu sind in Prag optimal, vielleicht auch, weil dieses Orchester eben nicht das ist, was man »internationale Musikerfamilie« aus Tschechen, Japanern, Amerikanern und Deutschen nennt, die man erst in Einklang bringen muß. Es ist ein außerordentlich homogener Orchesterapparat: Die Bläser- und Geigenschulung ist so einheitlich, daß man uneingeschränkt darauf aufbauen kann.

Natürlich lasse ich in Prag an einigen Stellen durchgehen, was mich beim Philadelphia Orchestra stören würde, weil ich weiß, es ist jetzt nicht an mir, wegen zweier Konzerte Grundsätzliches anzugehen. Ich versuche konzentriert, das Optimum für mein Konzert zu erreichen.

In Mailand ist die Situation wieder anders. L'orchestra filarmonica della Scala gibt neben der Operntätigkeit auf eigene Initiative und auf freiwilliger Basis Konzerte. Die Musiker wissen ganz genau, daß sie sich neben ihrem Scala-Dienst sehr intensiv und gegen entsprechende Bezahlung unter den verschiedensten Dirigenten neue Stücke erarbeiten müssen. Vielleicht ist auch deshalb die Bereitschaft da, schnell und konzentriert zu arbeiten.

Ich habe mit dem Scala-Orchester im Januar 1993 die »Sinfonia domestica« auf den Kanarischen Inseln und dann Ende März 1993, also nur etwa zwei Monate später, an der Scala gespielt: Das Orchester hatte dieses schwierige Stück noch so präsent, daß die Proben für die Scala-Aufführung fast überflüssig waren. Ein eindeutiger Beweis für die Motivation dieser Musiker.

Drei Orchester, aber drei Erfahrungen, die nicht so grundlegend unterschiedlich sind. Obwohl ich – nehmen wir an, ich würde mit allen drei Orchestern dasselbe Stück aufnehmen – auf Anhieb die Verschiedenheit im Spiel der Orchester heraushören würde. Beim Philadelphia Orchestra zum Beispiel klingt bei den Streichern manches runder, weicher, konzertgerechter und »routinierter«. Beim Scala-Orchester kommen – was bei einem Opernorchester fast selbstverständlich ist – rhythmische Passagen, etwa in der Doppelfuge der »Domestica«, brillanter. Auch solistische Einzelleistungen fallen, obwohl überall Künstler erster Qualität spielen, unterschiedlich aus.

WIE EIN GENIE WÜRDIGEN?
BESCHÄFTIGUNG MIT JOSEPH HAYDN

Zu den Dingen, die ich mir für die nächsten Jahre vorgenommen habe, gehört eine intensive Auseinandersetzung mit Joseph Haydn. Um ehrlich zu sein, Haydn ist praktisch in Vergessenheit geraten. Die beiden großen Chorwerke »Die Jahreszeiten« und »Die Schöpfung« werden zwar mit schöner Regelmäßigkeit aufgeführt; man kennt auch noch – zumindest in katholischen Gegenden, wo in einigen Kirchen zum Hochamt noch eine große Messe aufgeführt wird – die »Pauken«- und die »Theresienmesse«; und von den Symphonien haben sich vor allem die »namentlichen« in den Programmen erhalten, also die »Militär«-, »Trauer«- und »Maria Theresia«-Symphonie, »Die Uhr«, »Paukenschlag«, »Paukenwirbel« und so fort, im Grunde also alle Symphonien, die eine spezielle Bezeichnung haben. Aber darüber hinaus ist Haydn kaum noch präsent.

Vielleicht steht uns Mozart dank seiner Opern, die zum Weltmusikgut zählen, dank seiner wunderbaren Konzertliteratur und dem Geheimnis um sein Ende tatsächlich näher. Trotzdem ist nicht einzusehen, daß man den Opernkomponisten Haydn – er hat immerhin 24 Opern geschrieben – vergessen hat. Daß »Die Rückkehr des Tobias«, ein sehr frühes Werk, zu den bedeutenden Chorwerken des 18. Jahrhunderts zählt, wissen nicht einmal Musiker mehr.

Die Erinnerung an Haydn – heute würde man sagen: das »Image« von Haydn – wurde beschädigt durch Bezeichnungen wie »Papa Haydn«. Als wäre er irgendein Urgroßvater gewesen, der konziliante Musik fabriziert hat, die sich gut als Untermalung zum Essen eignet.

Wenn man sich mit den Kompositionen Haydns näher beschäftigt, entdeckt man in jedem seiner Werke eine Besonderheit. Das können harmonische Vorgänge sein, das können rhythmische Vorgänge sein, das können beispielsweise, gegenüber einem symphonischen Werk Mozarts, absolut a-rhythmische Perioden sein: Wo Mozart 4+4+8 Takte schreibt, sind es bei Haydn plötzlich 3+5 oder 4+7 – Haydn fühlte sich völlig frei in der Struktur.

Immer gibt es einen Punkt, den man natürlich suchen und finden muß, eine überraschende Wendung. Witz, Humor und Charme zeichnen ihn aus – ein so originelles Spiel mit der Musik, daß man ihn, lernt man diese Besonderheiten schätzen, lieben muß. Diese spezielle Handschrift ist in allen seinen Symphonien, Klavier- und Kammermusikwerken anzutreffen. Ich bedauere, daß die wenigsten Konzertpianisten Haydn-Sonaten in ihrem Repertoire haben. Ich erinnere mich an ein Konzert, in dem Emil Gilels einmal eine Haydn-Sonate spielte – es war ein Ereignis von bezaubernder Subtilität.

Haydn ist ein wunderbarer Orchestererzieher. Die

Musiker müssen höllisch aufpassen, um alles ungemein sauber zu spielen. Wir haben vielleicht heute den direkten Anschluß an seine Musik verloren. Aber überall, wo ich eine Haydn-Symphonie mit einem guten Orchester ins Programm genommen habe, war die Resonanz beim Publikum außerordentlich positiv, und das nicht nur bei den letzten sechs großen Symphonien, den Nummern 99 bis 104. Er hat tatsächlich 104 Symphonien geschrieben! Es lohnt sich, sie alle wenigstens gelesen zu haben.

Die Ernst-von-Siemens-Stiftung schüttet jährlich eine Summe aus, mit der ein Kuratorium, dem auch ich angehöre, aktive Künstler und Wissenschaftler für ihre Verdienste auszeichnet. Vor Jahren hatten wir Antony van Hoboken, den großen Haydn-Forscher, für einen Preis vorgesehen, konnten ihn ihm aber nicht mehr verleihen, da Hoboken kurz zuvor verstarb. Einen auf Haydn gezielten Preis – und damit verband sich auch der Wille, einen Akzent auf die Wiederentdeckung Haydns zu legen – erhielt dann H. C. Robbins Landon, der Mitherausgeber der Haydn/Mozart-Gesamtausgabe: Landon setzte sich dafür ein, die noch nicht komplett edierten Werke Haydns zu veröffentlichen. Dank Hoboken/Landon gibt es jetzt zum Beispiel von allen 104 Haydn-Symphonien Orchestermaterial, und einige Werke werden erst damit nach langer Zeit der Öffentlichkeit wieder zugänglich sein.

Man macht seltsame Erfahrungen, wenn es um Joseph Haydn geht. In Philadelphia zum Beispiel warten Haydns »Jahreszeiten« noch auf ihre allererste Aufführung – das Stück ist da noch nie gespielt worden.

Und »Die Schöpfung« ist vor 25 Jahren das letzte Mal gespielt worden – eines der unsterblichen Werke Haydns! Am liebsten würde ich es jedes Jahr einmal dirigieren.

Kurzum: Haydn wurde vernachlässigt, und es ist allerhöchste Zeit, diesen Komponisten betont ins Bewußtsein des Publikums zurückzuholen. Vielleicht werde ich in der Saison 1994/95 immer an den Anfang oder an den Schluß jedes Konzerts eine Haydn-Symphonie stellen und auch unsere Gast-Dirigenten bitten, dies zu tun. Bei 32 Konzert-Programmen im Jahr würde dies dem ganzen Konzertgeschehen eine bestimmte Richtung geben und einiges dazu beitragen, Haydn zu vergegenwärtigen.

Anfang 1993 habe ich bei einem Konzert in Philadelphia vor die 4. Symphonie Anton Bruckners die »große Londoner«, die Haydn-Symphonie Nr. 104, gestellt und dabei die interessante Erfahrung gemacht, daß die Nr. 104 fast schon zu gewichtig ist, um als »Vorprogramm« im ersten Teil zu fungieren. Im gleichen Jahr habe ich auch die »Militär«-Symphonie und dann – mit den Wiener Symphonikern – die »Paukenwirbel«-Symphonie, die Nr. 103, in Wien dirigiert, und ich war jedesmal wieder überrascht, wie Orchester diese Musik heute aufgreifen und mit ungeheurer Freude übersetzen: einer Spielfreude, die sich sofort aufs Publikum überträgt.

Ich möchte weiterhin dazu beitragen, dem »Notstand« in Sachen Haydn etwas abzuhelfen. Im nachhinein tut es mir besonders leid, daß sich – als ich bei Philips unter Vertrag und Chefdirigent der Wiener Symphoniker war – meine Plattenpläne mit Haydn zerschlagen haben: Ich wollte im herrlichen Saal des Schlosses Esterházy, in dem Haydn einen Großteil seiner Werke uraufführte, mit den Wiener Symphonikern alle 104 Haydn-Symphonien einspielen, ein Projekt, das aus finanziellen Gründen scheiterte.

Man liest eine Haydn-Symphonie auch mit dem Gefühl, daß Haydn sie viel mehr als Mozart zu gesellschaftlichen Anlässen geschrieben hat. Es sind Tafelmusiken auf höchster Ebene. Es durfte zur Musik gespeist und gesprochen werden: Je lauter die Musik war, desto lauter redeten offenbar die Leute. Also hört Haydn plötzlich im Crescendo auf einem Dominant-Akkord auf – und man spürt förmlich, wie in dem anschließenden Pausentakt die Gespräche verstummen. Dann löst er die Spannung auf und fängt ganz leise und humorvoll wieder an.

Und wie geistvoll er in manchen Menuetten die Gestik der Tanzenden kommentiert! Wenn man nach Beispielen für Humor in der Musik sucht, so haben Strauss, Mozart und Richard Wagners »Meistersinger« einiges anzubieten, vor allem aber Joseph Haydn. Wer seiner Musik wirklich folgt, kann sich eines Schmunzelns nicht erwehren.

Haydn ist kein verkanntes Genie, aber ein Genie, dessen Würdigung uns heute gut ansteht.

DIE QUAL DER WAHL ANLÄSSLICH VON JAHRESTAGEN

Von Gedenkfeiern und -jahren halte ich im allgemeinen wenig, vor allem wenn die davon betroffenen Komponisten ohnehin permanent auf den Programmen der Konzertsäle und Opernhäuser stehen. In manchen Fällen hat sich die Gedenk- und Feierabsicht sogar ins Gegenteil verkehrt. 1991 wurde zum Mozartjahr erklärt und Mozart selbst zum Komponisten des Jahrtausends erhoben. Aber hat ein Mozart solchen Wirbel nötig? Produziert eine solche Überakzentuierung nicht eher Überdruß als qualifizierte Intensität der Auseinandersetzung? Es würde vielleicht Sinn machen, wenn bei solchen Anlässen wenig oder überhaupt nicht gespielte Werke eine gewisse Aufmerksamkeit erführen: wie 1982/83 bei unserem Wagner-Zyklus an der Bayerischen Staatsoper.

1993 jährte sich Peter J. Tschaikowskys Todestag zum 100. Mal. Und alle Welt beschäftigte sich mit dem »Fall Tschaikowsky«. Die einen wollten beweisen, daß gewisse Ressentiments seinem Werk gegenüber unangebracht seien. Andere wollten ihre Vorbehalte eher bestätigt sehen, und zu diesem Zweck wurden plötzlich Werke hervorgeholt, die seit Jahrzehnten aus gutem

Grund unbeachtet geblieben und mit Recht nicht sonderlich populär geworden sind.

Für mich ist Tschaikowsky immer ein großer Komponist gewesen. Ich fühle eine Affinität zu seiner Schwermut, seiner Sentimentalität, seinem Pathos, zur russischen Tradition insgesamt. Seine 4., 5. und 6. Symphonie sind in ihrer Art Meisterwerke, die ich gern dirigiere. Die ersten drei Orchestersuiten, verhältnismäßig selten aufgeführt, übertreffen zumindest die ersten drei Symphonien noch an Klarheit, Struktur und Erfindungskraft. Ein Tschaikowsky-Jahr, sinnvoll genutzt, hätte zum Beispiel diesen drei Suiten besondere Aufmerksamkeit zuteil werden lassen müssen.

Kein Zweifel, daß Tschaikowskys Klavierkonzert in b-Moll ein Lieblingsstück aller Pianisten ist, ein »Reißer« in allen Konzertsälen. Es ist auch eine Tatsache, daß das Tschaikowsky-Violinkonzert in D-Dur im Beliebtheitsgrad dicht auf die Violinkonzerte von Mozart, Beethoven und Brahms folgt, was Brillanz, Konstruktion und Möglichkeiten für den Geiger betrifft.

Die »Ouvertüre 1812« mit ihrem Kanonendonner, selbst diese für einen speziellen Anlaß komponierte Auftragsarbeit, ist ein interessanter Beitrag zur symphonischen Musikliteratur. Auf »Schwanensee«, »Dornröschen« und »Nußknacker« kann nach wie vor keine Ballett-Compagnie der Welt verzichten – es ist wirksame Musik, ideal zum »Vertanzen«, im Detail großartig gearbeitet.

Was ganz im Hintergrund steht – und da möchte ich an die Sänger dieser Welt appellieren –, ist das Liedschaffen Tschaikowskys. Hier sind noch Juwele zu entdecken. Man muß die Tschaikowsky-Lieder, denke ich, in russischer Sprache singen, denn keine Übersetzung wird dieser »Seelenmusik« gerecht.

»Eugen Onegin« ist zu allen Zeiten im Repertoire gewesen, nicht nur wegen seiner Bühnenwirksamkeit, sondern mehr noch wegen seiner wunderbaren, unverwechselbaren Musik. Das ist erstklassige Opernmusik! Auch »Pique-Dame« und »Jeanne d'Arc« sind hinreißende Stücke: für die Sänger, für die szenische Umsetzung, für das Publikum packend, dramatisch und lyrisch.

Ich kann das Urteil mancher Kritiker, aber auch mancher Zuhörer über Tschaikowsky nicht teilen, die ihn für übersentimental halten und meinen, er sei falsch interpretiert, wenn er auf die Tränendrüsen drückt. Sicher, die russische Schwere steckt in seinen Werken, jeder Takt aber ist ehrlich.

Ich selbst habe 1993 sein Violinkonzert in Mailand an der Scala aufs Programm gesetzt, auch wenn man da als Dirigent für sich selbst Abstriche zu machen hat. Große gestalterische Ambitionen lassen sich vom Pult aus nicht einbringen, das ist eindeutig Sache des Solisten. Hier geht es um eine brillante Darstellung geigerischen Könnens.

Tschaikowsky wird sein Gedenkjahr ebenso überleben wie Mozart. Man hat auch Mozart im Mozart-Jahr beinahe zu Tode »gedroschen« und dabei einen, wie ich finde, großen Fehler gemacht, den ich in München zu vermeiden versuchte: Man spielte allerorts einen neuen »Don Giovanni«, eine neue »Così fan tutte«, einen neuen »Figaro« und eine neue »Zauberflöte«, Werke also, die ohnehin seit zweihundert Jahren zum festen Bestandteil aller Bühnen der Welt zählen. Aber man hat sich der Spanne zwischen Köchelverzeichnis 200 und 300 kaum angenommen – und da stehen so hinreißend schöne Stücke! Auch die Auseinandersetzung mit Mozarts sogenannten Frühwerken hat man gescheut. Man ging vorbei an »Mitridate« – zumindest München hat sich daran versucht –; man ließ den »Traum des Scipio« und »Ascanio in Alba« links liegen, obwohl deren musikalische Schönheit faszinierend ist.

Als sich 1983 Richard Wagners Todestag zum 100. Mal und gleichzeitig sein Geburtstag zum 170. Mal jährten, brachte die Bayerische Staatsoper einen kompletten Wagner-Zyklus, der nicht zuletzt deshalb Sinn machte, weil das Publikum die rare Gelegenheit bekam, Wagners selten beziehungsweise überhaupt nicht gespielten Frühwerke »Die Feen«, »Das Liebesverbot« und »Rienzi« mit seinen späteren Werken zu vergleichen und äußerst aufschlußreiche Querverbindungen zu entdecken.

1995 steht der 100. Geburtstag von Paul Hindemith ins Haus. Angesichts dieses Gedenkdatums liegen die Dinge anders. Vielleicht werden in diesem Jahr mehr Menschen auf einen Komponisten aufmerksam, der wichtig ist für eine ganze Epoche in der Musikentwicklung Europas. Um 1920 ging Hindemith mit radikaler Härte gegen die Zwölftonmusik vor, gegen Alban Berg und Arnold Schönberg, gegen diesen in seinen Augen mit riesigen Orchesterapparaten praktizierten Popanz, der zwangsläufig in die Sackgasse führen müsse. Er wandte sich – zu Recht oder nicht – auch gegen Richard Strauss und das riesige Orchester der »Salome« und der »Elektra«, wo er Kanonen auf Spatzen schießen hörte. Ganz bewußt setzte er mit nur 36 Musikern in den zwanziger Jahren seinen »Cardillac« gegen diese Werke, gab die »Opern-Begleitmusik« auf und ließ Bühne und Musik getrennt voneinander gehen – ein wunderbares Stilmittel. Auch als er sich dann in den dreißiger Jahren wandelte und konzilianter wurde, blieb er seiner unverwechselbaren Handschrift treu.

Für Hindemiths Präsenz ist noch viel zu tun, und es kann auch getan werden, da er im Rahmen der Musik alle Gattungen wahrnahm – Oper, Symphonie, Kammermusik, Solistenkonzert, Lied. Ich werde 1995 die drei großen Solistenkonzerte Hindemiths mit dem Philadelphia Orchestra machen – das Cello-, das Violin- und das Klavierkonzert. Ich werde das bis heute in Philadelphia nicht gespielte Requiem nach Texten von Walt Whitman 1996 aufführen. Vielleicht auch werde ich mich der zum Teil sehr witzigen Kurzopern Hindemiths annehmen.

»Cardillac« würde ich sehr, sehr gerne noch einmal machen, aber dies ist ein Stück, das die Szene braucht, sonst geht die Idee dieser Oper unter – und die vor Jahren in München gezeigte Aufführung in der Regie und der gesamten Ausstattung von Jean-Pierre Ponnelle wird nicht zu überbieten sein.

TALENTE ENTDECKEN

Die menschliche Stimme ist ein unendlich faszinierendes »Ereignis«. Und alles, was mit Gesang zu tun hat, hat mich schon sehr früh interessiert: die Beanspruchung einer Stimme, die Überanstrengung einer Stimme, ihr richtiger Sitz, das richtige Sprechen des Sängers ...

Ich weiß nicht, wie viele Vorsingen ich seit meinem ersten Tag in Augsburg, vom 2. Januar 1947, bis heute erlebt habe, besser gesagt: über mich habe ergehen lassen müssen, um gleich deutlich zu machen, daß nicht jedes Vorsingen einer Weltsensation gleichzusetzen ist. Die meisten sind »für die Katz'«, wie es so schön heißt. Es ist natürlich ein Unterschied, ob ein Vorsingen für ein Engagement in Augsburg oder für eine Festspielveranstaltung oder ein festes Engagement in München stattfindet. Stimmen zu erkennen ist nicht einfach, und man kann sich leicht irren. Man kann bei der Beurteilung einer Stimme, die man in einem kleinen Raum hört, weil ein großer Raum nicht immer zur Verfügung steht, furchtbar danebenliegen. Wenn immer es geht, benutze ich für das Vorsingen deshalb Theaterräume größeren Ausmaßes.

1

2a

2b

2c

3a

3b

3c

4

4 Abschied von München mit der 1165. Vorstellung im Nationaltheater: »Die Meistersinger von Nürnberg« mit Lucia Popp und Bernd Weikl

4

5a

5 Studio-Atmosphäre: »Meistersinger«-Einspielung für EMI; a. Ben Heppner, Ulrich Ress und Studienleiter Richard Trimborn (v.l.); b. Aufnahmeleiter Wilhelm Meister und Bernd Weikl

5b

6a

6b

6 a. und b. Gottfried von Einems »Dantons Tod« in der Inszenierung von Johannes Schaaf; c. Sergej Prokofieffs »Die Liebe zu den drei Orangen« in der Inszenierung von Jurij Ljubimov

7 Hans Werner Henzes »Prinz von Homburg« (Cuvilliés-Theater); a. François Le Roux in der Titelpartie; b. Nikolaus Lehnhoff (Regisseur), Hans Werner Henze und Ehepaar Sawallisch

6c

7a

7b

8 Vor dem Nationaltheater

9 Mit dem japanischen Regisseur Ennosuke Ichikawa vor dem Opernhaus in Nagoya

10a

10 Mit Richard Strauss' »Die Frau ohne Schatten« weiht die Bayerische Staatsoper im November 1992 das neue Opernhaus in Nagoya ein; a. Peter Seiffert (Kaiser) und Caroline M. Petrig (Falke); b. Marjana Lipovšek (Amme), Janis Martin (Färberin) und Luana de Vol (Kaiserin), v.l.; c. Marjana Lipovšek (Amme) und Luana de Vol (Kaiserin)

10b

10c

11a

11 a. Dank an Japan; b. Premierenfeier mit Sake

11b

12a

12 In der Academy of Music, Philadelphia; a. Das Philadelphia Orchestra;
b. Das Ehepaar Sawallisch

12b

13a

13 a. Mit dem Philadelphia Orchestra in der Carnegie Hall, New York; b. Probenarbeit mit den Studenten des Curtis Institute of Music, Philadelphia

14 a. Mit Wilhelm Killmayer und Peter Schreier anläßlich der Uraufführung von Killmayers Liederzyklus Hölderlin; b. Kammermusik mit Mitgliedern des Philadelphia Orchestra; c. Mit Anne-Sophie Mutter

13b

14a

14b

14c

15

Es gibt Fehlurteile, die berühmt geworden sind. Placido Domingo hat – dies war vor meiner Zeit – einmal in München vorgesungen; man hat mir nicht verraten, ob es für eine bestimmte Partie oder für ein festes Engagement war. Jedenfalls wurde er nicht genommen. Ebenso erging es ihm an anderen Orten. Ich hatte das Glück, 1970 mit Domingo die »Missa solemnis« im Petersdom in Rom zu dirigieren. Es war ein Ereignis.

Stimmen zu entdecken ist Glückssache. Es ist unmöglich, mit hundertprozentiger Sicherheit zu sagen, »dieses Vorsingen ging daneben« oder »dieses Vorsingen hat sich gelohnt«. Man lernt im Laufe der Jahre, daß manche Kandidaten bestimmte Arien singen wollen, die absolut keinen Aufschluß über die Qualität einer Stimme zulassen. Im Bariton-Fach und im Baß-Fach gibt es einige Arien, die sich höchstens im Rahmen einer Quint bewegen – die gehen nicht hinauf und nicht hinunter. Am Schluß kann man dann zwar feststellen, der Sänger besitzt ein schönes Timbre, aber über die Qualität, über die Expansionsmöglichkeiten seiner Stimme weiß man so gut wie nichts. Wenn ein Sänger nur eine bestimmte Arie vorsingen will, werde ich sofort mißtrauisch. Ich schlage in solchen Fällen vor, diese oder jene Arie vorzusingen – und da stellt sich dann meistens rasch heraus: Die Höhe hat er nicht und die Tiefe auch nicht!

Doch gibt es noch andere Momente, die zählen. Die Erscheinung und das Agieren auf der Bühne gehören dazu. Wie betritt ein Sänger die Bühne, und wie singt er seine Arie? Es ist eine Erfahrungssache, die Persönlichkeit und die zu ihr passende Stimme zu erkennen. Wenn man an einem Theater ist, an dem jede Woche drei oder vier Vorsingen mit mehreren Sängern stattfinden, lernt man das schnell. In vier Jahrzehnten summiert sich das ganz schön.

Wichtig ist, einen Unterschied zu machen, wofür der betreffende Sänger eigentlich vorsingt – für eine bestimmte Partie oder für ein Engagement auf Dauer, um sich als festes Ensemble-Mitglied in den verschiedensten Partien entwickeln zu können. Bei ausländischen Sängern kommen die Sprachprobleme dazu. Es geht oft wunderbar bei einer italienischen Arie, aber beim deutschen Repertoire ist es hoffnungslos.

Ganz, ganz selten gibt es die Situation, in der man sagt: »Das ist es!« Das sind die raren Momente, in denen man das Gefühl hat, alles paßt zusammen – die Erscheinung und die Stimme.

Ein Theaterleiter muß notgedrungen noch nach anderen Gesetzen urteilen als denen der Stimme und der Persönlichkeit. Er muß sich fragen: In welchen Partien kann ich einen Sänger einsetzen, wenn ich ihn als Ensemble-Mitglied engagiere? Habe ich da nicht schon einen Gastvertrag mit einem bedeutenden Fachkollegen, den ich nicht aufkündigen will und kann? Was, wenn er bei uns kaum etwas zu singen kriegt, keine Premieren bekommt und schließlich die Lust verliert? Für den Theaterleiter sind das Probleme.

Als Wolfgang Brendel in München vorsang – es war wohl 1970 – sagte ich zu Rennert: »Den Mann müssen wir engagieren! Er ist eine exzeptionelle Bariton-Begabung und hat eine gute Bühnen-Ausstrahlung.« – »Was soll ich mit ihm anfangen, wo soll ich ihn einsetzen?« überlegte Rennert. »Dann müssen wir eben in der Zukunft etwas für ihn tun!« Und so geschah es.

1972 sang er in der Uraufführung der »Sim Tjong«-Oper von Isang Yun den Kaiser. Sein Durchbruch fand also in einer zeitgenössischen Oper statt. Dann kamen der Figaro in Rossinis »Barbier von Sevilla«, der Guglielmo in »Così fan tutte«, der Papageno in »Die Zauberflöte«, und Brendel blieb ein Jahrzehnt als festes Ensemble-Mitglied in München. Erst als die Angebote anderer Bühnen immer dringlicher wurden, bat er um Auflösung seines Vertrags, was ich verstehen konnte.

Zuweilen kommt es aber auch vor, daß man einen Sänger nach einem positiv verlaufenen Vorsingen engagiert und sich die in ihn gesetzten Hoffnungen nicht erfüllen. Man muß dann eben den Mut aufbringen, sich nach zwei, drei Jahren wieder zu trennen.

Ein Beispiel: Unser Mann verfügt über eine gewisse Bühnenausstrahlung, das konnte man sehen; unser Mann hat eine exzellente Stimme, das konnte man hören; aber ob er eine wichtige Partie in vier Wochen oder in vierzig Wochen zu lernen in der Lage ist, das weiß keiner. Und der Sänger wird es einem vorher kaum sagen.

Die Musikalität eines Sängers sagt noch nichts aus über seine Lernfähigkeit, und diese wiederum hat nichts zu tun mit der Lernbereitschaft. Mancher sagt sich: »Kein Problem, das lern' ich während der Proben!« Und er lernt es nicht.

Es gibt einfach »Fälle« – ich kenne einige berühmte Beispiele –, die Ton für Ton und Takt für Takt von einem unglaublich geduldigen Korrepetitor eingetrichtert bekommen müssen: Probleme, die bei keinem Vorsingen festzustellen sind.

Und dann erlebt man wieder erfreuliche Überraschungen. So kann es passieren, daß ein Sänger, der eigentlich für das zweite oder dritte Fach engagiert wurde – es kann nicht jeder gleich den Sarastro singen, und es gibt in vielen Stücken kleine Partien, die gut besetzt werden müssen –, auf Anhieb hervorragend ist. So hervorragend, daß man ihn als Ensemble-Mitglied gar nicht mehr halten kann.

Es gibt Sänger, die über eine ungeheure Musikalität verfügen, die das Gefühl für eine Phrase haben, genau wissen, wo sie atmen müssen, die in den Ensembles keinerlei Probleme haben – und perfekt studiert zur Probe kommen.

Für mich ist es ohnehin ein Wunder – und die Herausforderung ist in der Oper noch größer als beim Schauspiel –, wie ein Sänger die Musik und den gesamten Text auswendig lernen, den Anweisungen des Regisseurs folgen und sich musikalisch gleichzeitig am jeweiligen Dirigenten orientieren kann. Ist es ein italienischer Sänger, soll er auch noch die deutschen, die französischen und die russischen Partien beherrschen; ist er Amerikaner, soll er deutsch, italienisch, französisch und russisch singen ... Es wird einiges von diesen Künstlern verlangt!

Eine Erfahrung, die für die Ausbildung junger Sänger wesentlich ist: Nicht jeder große und als Star gefeierte Sänger ist auch ein großer Pädagoge. Und umgekehrt: Sänger, die nicht gerade zu den besten und begehrtesten zählen, sind oft hervorragende Pädagogen, und aus ihren Schulen kommen exzellente Nachwuchskräfte. Mir tun immer diejenigen leid, die auf Lehrer oder Schulen stoßen – und das ist auch bei

Musikhochschulen der Fall –, die Sänger ausbilden und fördern, obwohl sie wissen, daß es keinen Sinn macht, oder die jahrelang Sänger in einem falschen Fach ausbilden.

Zugegeben, die Verantwortung eines Lehrers möchte ich auch nicht immer übernehmen. Ich möchte nicht entscheiden müssen: Ist dies ein Mezzo-Sopran oder ein jugendlich dramatischer Sopran? Wie muß ich ihn erziehen?, denn die stimmliche Ausbildung für einen Mezzo ist anders als für einen hohen Sopran. Wir haben es vielfach erlebt, daß sich Sopran-Stimmen im Laufe der Zeit ins Mezzo-Fach oder sogar ins Alt-Fach haben »umschulen« lassen müssen. Es gibt auch Sänger, die im Baritonfach anfingen – und schließlich als Tenor eine steile Karriere gemacht haben. Eine der Voraussetzungen dazu ist eben ein Lehrer, der in der Lage ist, den »Knopf im Kehlkopf« zu lösen und den Betreffenden in sein wahres Stimmfach zu führen, das Fach, in dem er stundenlang singen kann, ohne sich zu ruinieren.

Die Verantwortung eines Lehrers ist folgenschwer. Vielleicht könnte ich feststellen, ich empfinde die Stimme vom Körper her, von der ganzen Persönlichkeit her als eine Stimme dieses oder jenes Fachs – aber das muß nicht unbedingt stimmen, denn bei näherer Beobachtung, Behandlung und vor allem Belastung kann sich etwas ganz anderes ergeben! Nur eine wirklich gute Lehrkraft weiß, welche Anforderungen an welche Stimme zu stellen sind. Einige vielversprechende Stimmen sind durch falsche Entscheidungen und durch den falschen Einsatz auf der Bühne kaputtgemacht worden.

In vielen Fällen hat der Sänger auch selbst schuld daran: Er will möglichst schnell die größeren Partien singen und das größere Geld verdienen – der Großinquisitor in »Don Carlos« wird eben besser bezahlt als einer der Meister in den »Meistersingern«! Oder er versucht, eine Stimmstufe höher zu kommen, um sowohl finanziell als auch partienmäßig besser dazustehen. Nur sehr wenige Sänger sind bereit, ein ganzes Künstlerleben im zweiten oder dritten Fach zu verbringen.

Dabei stößt ein junger Sänger bei uns eigentlich auf ideale Voraussetzungen, denn nur in Deutschland existiert diese Vielzahl von kleinen, mittleren und großen Opernhäusern, an denen systematisch gearbeitet wird, an denen Stimmen herangezogen werden, an denen echter Bedarf an Stimmen ist.

Nach dem Krieg lag ein großer Teil jener Bühnen, von denen traditionell die meisten Anfänger kamen, auf dem Gebiet der DDR. Die Fluktuation zwischen diesen kleinen und den großen Bühnen in der Bundesrepublik ging deshalb weitgehend verloren. Jetzt wird dieser Prozeß wieder in Gang gesetzt, aber noch lange nicht in dem Maße, wie es wünschenswert wäre.

In den meisten anderen Ländern sieht es eher beklagenswert aus. Nur Österreich steht mit Wien, Salzburg, Graz, Linz und Innsbruck gut da. In Frankreich funktioniert noch nicht einmal Paris; und die kleineren Häuser in den Regionen sind nicht so profiliert, daß sie Paris mit Nachwuchs versorgen könnten. In den USA findet zwar eine Entwicklung zum Besseren statt, denn allmählich beginnen sich immer mehr Opernhäuser zu formieren, aber letztlich konzentriert sich alles, was die Oper betrifft, doch wieder auf New York, Chicago und San Francisco.

Die an hervorragenden Universitäten und Hochschulen ausgebildeten Sänger haben jedenfalls bis zum heutigen Tag kaum die Möglichkeit, an den vergleichsweise wenigen amerikanischen Opernhäusern ihre ersten Erfahrungen zu sammeln. Also kommen sie nach Europa, wo es allein in den alten Bundesländern über fünfzig und nach der Vereinigung nahezu achtzig Opernhäuser gibt. Ich kenne viele amerikanische Sänger, die perfekt Italienisch, Deutsch und Französisch sprechen, manchmal so perfekt, daß man, wenn sie singen, nicht den geringsten Akzent mehr hört.

Sehr gute Erfolge haben derzeit japanische Sänger, wenn sie überdurchschnittlich sind. Viele von ihnen haben bei uns erste Engagements gefunden. Die Ausbildung in Japan ist vorbildlich. Wie in den USA wird dort nämlich nicht nur auf die Schulung der Stimme Wert gelegt: Die Sänger studieren auch Musikgeschichte und Instrumentationskunde, lernen die Beherrschung des Repertoires und haben überdies Schauspiel-, Ballett- und Fremdsprachenunterricht.

Doch ist die Ausbildung nicht nur umfassender, konzentrierter und konsequenter, sie ist auch strenger: Wer nach einer bestimmten Zeitspanne keine Fortschritte erkennen läßt, hat keine Chance mehr, weiterzumachen.

Beim instrumentalen Nachwuchs erlebt man immer wieder, daß vor allem Klavier- und Geigentalente als »Wunderkinder« von elf, zwölf Jahren auftauchen. Derzeit konzertiert auf den internationalen Podien ein halbes Dutzend solcher jungen Künstler.

Bei meinen Scala-Konzerten im Frühjahr 1993 musizierte ich mit einem achtzehnjährigen, mehrfach preisgekrönten Geiger, der aus Litauen stammt und in Wien seine weitere Ausbildung erfahren hat. Phänomenal, mit welcher Verve und Eigenständigkeit er an Tschaikowskys Violinkonzert heranging. Manches wird er in zehn, zwanzig Jahren sicher anders sehen, aber das ist das Vorrecht der Jugend.

So sollte man, wenn man einige Erfahrungen gesammelt hat, keinen Effekt kurz hintereinander zweimal praktizieren – gleichgültig, ob dies ein Ritardando, ein Accelerando oder einfach ein auf Wirkung bedachtes Laut- oder Leisespielen ist. Steht dieselbe Phrase zweimal da, nutzt man als Anfänger die Effektmöglichkeit aber gern zweimal auf die gleiche Weise. Auch ich habe erst im Laufe meines Musikerlebens lernen müssen, daß es in der Musik nichts Schlimmeres gibt als einen Abnutzungseffekt. Zweimal hintereinander das gleiche Forte zu spielen bedeutet, daß das erste durch das zweite entwertet wird. Ein erstes Forte übermäßig stark zu akzentuieren heißt, daß die bereits erreichte Wirkung nicht mehr zu steigern ist, es sei denn, man übertreibt derart, daß es lächerlich wirkt.

Ändern wird unser Achtzehnjähriger im Laufe der Jahre sicher auch, daß er ans Ende mancher Phrase unlogische und unnatürliche Abschluß-Ritardandi setzt, die da nicht hingehören, denn eigentlich wäre eine Weiterführung zu spielen. Er wird erst noch begreifen müssen, daß jedes Solo irgendwann einmal in ein Tutti mündet – daß das Ende eines Solos in Wirklichkeit kein Abschluß ist, sondern ins Orchester überführt und man bei Kenntnis zum Beispiel dieser

Tschaikowsky-Partitur genau sieht: Hier ist kein Ritardando gefordert, da drängt eine Quintole oder eine Sextole in ein neues Tempo hinein. Erfahrungen, die man als junger Musiker nicht haben, aber sich mit den Jahren aneignen kann, vor allem dann, wenn Qualitäten wie bei diesem Geiger zu registrieren sind: ein außerordentlich schöner Geigenton und eine wunderbare Koordination zwischen der Bewegung der rechten Hand mit einer glasklaren Intonation von der linken her.

Beim Musikernachwuchs, genauer: beim Orchesternachwuchs, hat sich die Situation in Europa wesentlich gebessert. Die Konkurrenz aus dem Osten, besonders aus Japan, hat nun ihrerseits ernsthafte europäische Konkurrenz bekommen. Die eigenen Kräfte wurden mobilisiert, und es wachsen inzwischen hervorragende Instrumentalisten nach – Streicher wie Bläser.

In Philadelphia gibt es das Curtis Institute, eine hervorragende Musikschule, die Orchestermusiker ausbildet. Ausgezeichnete Kräfte sind bereits aus dieser Schule hervorgegangen, die ein eigenes Schulorchester unterhält: Von der ersten Flöte bis zu den Kontrabässen kommt hier alles aus den eigenen Reihen. Ich habe zweimal eine Probe dieses Jugendorchesters geleitet, und es war ein Vergnügen, selbst bei einem Programm des Schwierigkeitsgrads einer 7. Bruckner-Symphonie.

Interessant ist, daß viele der Studierenden in Philadelphia Frauen sind und die meisten von ihnen aus asiatischen Ländern kommen: aus Japan, China und Korea. Besonders eindrucksvoll sind ihr Reaktionsvermögen und ihre Musikalität; sogar ihr Einstieg in Bruckner.

Bei den Vorspiel-Terminen für Instrumentalisten in München zeichneten sich lange Zeit fast immer asiatische Bewerber, vor allem Japaner, durch ihre überdurchschnittlichen Leistungen aus. Erst in den letzten drei, vier Jahren hat sich das geändert, und der europäische Instrumentalnachwuchs kann wieder mithalten.

Eine Basis der japanischen Erfolge auf diesem Sektor ist sicher, daß dort bereits Drei- und Vierjährige schulklassenweise Geigenunterricht erhalten. Das schafft ein Gemeinschaftserlebnis, das weckt aber auch das Verständnis und die Begeisterung für die klassische Musik. Selbst wenn die meisten dieser Kinder später Bankangestellte werden oder sonstige Berufe ergreifen, sie werden sich immer an ihre Schulerfahrungen erinnern und als Konzertbesucher eine größere Vorbildung und ein größeres Interesse mitbringen. Dieses Gemeinschaftserlebnis mit der klassischen Musik findet bei uns leider gar nicht oder zu wenig statt.

NEUER ZUGANG
ZU ALTBEWÄHRTEM

DAS BEISPIEL CARL MARIA VON WEBER

Als ausübender Musiker kommt man um Weber nicht herum, selbst wenn man diese Zeit, den Beginn des 19. Jahrhunderts, aussparen wollte. Er ist ein Meilenstein für alles Spätere, für die deutsche Romantik, auch für Richard Wagner. Die Liebe, die ich als Musiker für Carl Maria von Weber hege, teile ich mit vielen aus dem Publikum. Sie liegt begründet in der Tatsache, daß Weber einfach wunderschöne Musik geschrieben hat.

Weber war ein Frühvollendeter. Seine drei bekannten Opern »Freischütz«, »Oberon« und »Euryanthe« litten unter dem eklatanten Pech, daß es zu dieser Zeit offensichtlich keine ebenbürtigen Librettisten gab. Auch Marschner fand keinen qualifizierten Textdichter. Nicht anders erging es Lortzing, aber er besaß einen untrüglichen Bühneninstinkt, ein sicheres Gefühl für theatralische Wirkungen. Und Richard Wagner schrieb wohl die Texte zu seinen Opern vor allem deshalb selbst, weil es um diese Zeit niemanden gab, der kongeniale Operntexte hätte liefern können.

»Der Freischütz« gehört, vom musikalischen Standpunkt aus, sicherlich zu den wertvollsten Klangereignissen seiner Zeit. Das Textbuch ist gerade noch erträglich. Es ist im Vergleich zu den Stoffen und Texten der anderen Weber-Opern noch das überlebensfähigste. Vorausgesetzt, man findet einen Regisseur, der sich auf das Stück wirklich einläßt.

Eine Inszenierung dieser Oper ist zweifellos ein schwieriges Unterfangen. Wie geht man zum Beispiel mit dem Eremiten um oder mit »Wir winden dir den Jungfernkranz«, ohne Hohn und Spott zu ernten? Die Wolfsschlucht, zwei Wildsäue, die Freikugeln – wie inszeniert man »Schrecken« dieser Art angesichts der tagtäglich aus allen Kanälen auf uns einstürzenden Horrormeldungen? Wie läßt sich diese Diskrepanz überbrücken? Wie kann man mit Bühnenzauber und Bühneneffekten gegen die Katastrophen der Wirklichkeit aninszenieren?

Die Balance zwischen der Schönheit der Musik und dem Bühnengeschehen zu finden ist eine kaum zu bewältigende Aufgabe. Wählt man als Ausweg aus dem Dilemma eine konzertante Wiedergabe, so steht man vor dem Problem des Dialogs. Gibt man die Oper dialoglos, so treffen musikalisch fremde Harmonien und Tonalitäten aufeinander und stören die Wirkung.

»Euryanthe« und »Oberon« scheitern regelmäßig an derlei Hürden. An beiden Stücken haben sich zahllose Neuinszenierungen versucht. Sogar Gustav Mahler hat sich angesichts der großen Weberschen Musik in »Die drei Pintos« eingeschaltet, um eine Bühnenrettung zu erreichen – wie ich meine, auch nicht mit Erfolg. Gerade noch »Oberon« hat sich in verschiedenen »Bearbeitungen« einigermaßen halten können. Die Musik ist so stark.

Mir liegt das Libretto eines Autors vor, der den »Oberon« mit neuen Texten retten will, doch sind sie leider nicht mit der Musik in Einklang zu bringen. Oder andersherum: Hätte Weber diese Texte gekannt, so hätte er mit Sicherheit eine völlig andere Musik dazu komponiert. Modernisierungsversuche dieser Art funktionieren meist nicht. Mir ist kein Fall bekannt, daß neue Libretti fragwürdige ältere auf Dauer hätten ersetzen können.

Bei der »Euryanthe« ist es noch komplizierter. Ich habe das Stück des öfteren und gern konzertant aufgeführt, immer mit gutem Erfolg, aber ich würde nicht wagen, es auf die Bühne zu bringen: Eine plausible Visualisierung müßte wahrscheinlich so unzeitgemäß, so antiquiert, so krampfhaft ausfallen, daß die Musik beschädigt würde. Und was an Musik in Weber steckt, ist nicht zuletzt bereits seiner ersten Symphonie anzumerken. Sie ist ein großer Wurf, mit dem sich sogar Beethoven intensiv beschäftigt hat. Webers Klarinettenkonzert, die Konzerte für Klavier und Orchester, das Fagott-Konzert – das ist Musik, die aus dem Konzertleben nicht ganz wegzudenken ist.

Von der Brillanz, von der Eleganz, von der Instrumentation her sind Stücke wie die »Oberon«-, »Freischütz«- und »Euryanthe«-Ouvertüre bis heute nicht überboten. Es gibt kaum einen Konzertanfang, der augenblicklich mehr fesselt als die »Euryanthe«-Ouvertüre.

DA GÄBE ES NOCH MANCHES AUSZUGRABEN

Ein Nachteil in der Weber-Rezeption ist sicher, daß er uns doch verhältnismäßig wenig auf dem Konzertsektor hinterlassen hat – im Vergleich etwa zu Dvořák, der als Opernkomponist weniger bekannt ist. Webers erste Symphonie spielt bei all ihren Qualitäten letztlich nicht die Rolle einer Dvořák-Symphonie. Man kennt eher seine Klavierstücke. Ich spiele sie selbst gern.

Weber konnte die nationalen Grenzen nicht in dem Maße sprengen wie eben Dvořák. »Der Freischütz« ist nun einmal ein deutsches Thema. Eng verwurzelt in der deutschen Romantik, die heute sogar dem deutschen Publikum fremd geworden ist. Wie also soll ein nichtdeutsches Publikum einen Zugang dazu finden? Trotzdem gilt Weber als Inbegriff der deutschen Romantik, noch mehr als Robert Schumann, der durch seine Klaviermusik, seine Kammermusik allemal eine größere Expansionsmöglichkeit hatte.

Vielleicht kommt einmal die Zeit, in der »Oberon« oder »Euryanthe« so akzeptiert werden, wie sie von Carl Maria von Weber ursprünglich gedacht waren. Sollte dies – irgendwann im nächsten Jahrtausend –

der Fall sein, dann gäbe es noch eine Vielzahl von Werken gerade aus der Zeit Carl Maria von Webers wiederzuentdecken. Dann könnten neue Theater mit einem völlig neuen Spielplan eröffnet werden mit Werken, die wir nicht mehr kennen, mit einem neuen, ganz alten Repertoire.

Es müßte geschehen, was mit Gioacchino Rossini geschah, der auch lange Zeit, gerade in seinen dramatischen Werken, geringgeschätzt wurde. Erst seit einigen Jahren entdeckt man seine Opera seria wieder. Es erforderte viel Mut und viel Phantasie, das Rossini-Bild zu revidieren, auch mit einem Werk wie »Viaggo à Reims«, das vor der Wiener Produktion unter Claudio Abbado weiß Gott wie lange nicht mehr aufgeführt worden war.

Und doch ist die Erneuerung in Sachen Rossini leichter praktizierbar als bei Carl Maria von Weber. Jede Theorie, die man über Rossini aufstellt, läßt sich anhand von mindestens fünf seiner Opern beispielhaft belegen. Der Münchner »Mosè« hatte einen enormen Erfolg: Er verlieh dem »Barbier von Sevilla«-Bild des Komponisten ebenso neue Akzente wie die konzertante Aufführung von »Semiramide« – eine Produktionsreihe, die sich hätte weiterführen lassen mit Werken wie »Mahommed«, »Tancredi« und »Guillaume Tell«.

Bei Weber und auch bei Lortzing fehlt letztlich dieses umfangreiche Material. Um zu beweisen, daß »Undine« und »Zar und Zimmermann« geniale Stücke sind, dazu sind heute von den Sängern über das Bühnenbild bis zur Inszenierung geniale Künstler nötig. Eine vom Inhalt her nicht minder problematische

Verdi-Oper wie »Macht des Schicksals« muß diesen Beweis seltsamerweise nicht antreten – sie wird sich im Repertoire auch in einer Aufführung ohne Spitzenkräfte behaupten können.

Ein Problem deutscher Opern aus der Weber-Zeit ist sicher auch die Tatsache, daß es nur wenige Sänger und Opernregisseure gibt, die Dialogpassagen wirklich effektvoll gestalten können: Wer schön singt, muß noch lange nicht auch gut sprechen und spielen können. Aus Sängern überzeugende Schauspieler zu machen ist nicht ganz einfach und sehr zeitaufwendig.

APROPOS REGIE

Eine meiner leidvollsten Erfahrungen als Staatsoperndirektor in München war es, wieder einmal den Versuch gewagt zu haben, den »Freischütz« in einer Neuinszenierung auf die Bühne zu bringen. Bei der endgültigen Wahl eines Regisseurs geht man, bevor man einen Vertrag abschließt, von einem Konzeptionsgespräch aus, schließlich trägt man als Theaterleiter die Hauptverantwortung für jede Neuinszenierung. Das Konzept, das mir vom Regisseur und vom Bühnenbildner vorgelegt wurde, schien überzeugend. Der Regisseur wollte die Vorgeschichte des Stücks mit auf die Bühne bringen, die der Textdichter J. F. Kind zwar konzipiert, Weber aber nicht vertont hatte. Normalerweise wird der »Freischütz« ohne diese Vorgeschichte mit der Ouvertüre begonnen. Unser Regisseur aber war entschlossen, diese Episode mit einzubringen, um zum Verständnis des Stücks beizutragen und die Personen – etwa den Eremiten – besser profilieren zu können. Wir dachten jedenfalls, es wäre eine originelle Idee, dem stets etwas hinkenden »Freischütz« auf die Beine zu helfen und Anschauungsmaterial für eine künftige Auseinandersetzung zu liefern.

Es hörte sich zumindest gut an. Auch das, was zum Gesamtaufbau der Inszenierung gesagt wurde, klang überzeugend, eine gute Mischung in der optischen Darstellung zwischen Vergangenheit und heute. Wir gewannen den Eindruck, daß es sich um eine ernsthafte Beschäftigung mit dem Stück handelte. Ein kluges Konzept, sehr schöne Bühnenbilder – wir dachten, dies kann bis hin zur Idee der Wolfsschlucht und ihrer Effekte eine interessante Zusammenarbeit werden.

Dann wurden aufgrund der damals bereits maroden Bühnentechnik des Nationaltheaters technische Einschränkungen notwendig. Wir mußten viele der Effekte streichen. Bald stellte sich ein weiteres Handicap ein: Der auf dem Schauspielsektor erfahrene Regisseur hatte Probleme zum Beispiel bei den Chorszenen; er bekam den Ablauf musikalischer Auftritte und Abgänge, kurz: die ganze Chorbewegung, nicht so recht in den Griff. Und es zeigte sich, daß die Novität der Inszenierung, das kleine Vorspiel, vom Schauspiel-Standpunkt aus betrachtet, durchaus attraktiv gebaut war, aber vom Opern-Standpunkt aus eine lähmende Verzögerung des Auftakts vor der Ouvertüre bedeutete. Da bereits begann der Abend für das Publikum problematisch zu werden. Nach der Generalprobe noch nahmen wir einige Änderungen vor; die Wolfsschlucht funktionierte technisch nur bedingt, jedenfalls stellte sich die erhoffte Wirkung nicht ein.

Dazu kamen Probleme bei der Besetzung der Partien der Agathe und des Max. Wir waren, als wir die Sänger engagierten, von stimmlichen Voraussetzungen ausgegangen, die sich dann nicht erfüllten. Der Sänger des Max hatte für einen Siegmund-Auftritt in

»Walküre« hymnische Kritiken für seine darstellerischen und stimmlichen Fähigkeiten erhalten. Nach der »Freischütz«-Premiere wurde mir von denselben Journalisten vorgehalten, ich hätte einen ungeheuren Fehlgriff getan. Ich schlug den Kritikern vor, ihre eigenen Beurteilungen nachzulesen...

In der Sache – vom »Freischütz« aus geurteilt – bestand die Kritik allerdings zu Recht. Auch die musikalische Leitung, obwohl ein außerordentlich »Freischütz«-erfahrener Dirigent engagiert worden war, kam nicht sonderlich an. Es gibt einfach Abende, an denen nichts überzeugen kann. Der Generalprobe konnte man noch mit gemischten Gefühlen folgen, bei der Premiere kam dann alles nur Denkbare zu einem Mißerfolg zusammen.

Das Publikum verhielt sich noch ablehnender als die Presse, denn zumindest wurde von den meisten Kritikern anerkannt, daß die Bayerische Staatsoper nach 25 Jahren der »Freischütz«-Abstinenz den Versuch gewagt hatte, dieses schwierige Werk wieder einmal auf die Bühne zu bringen.

Wir haben im Laufe der folgenden Vorstellungen einige Verbesserungen vorgenommen, und die Stimmung neigte sich von Abend zu Abend mehr zum Positiven. Wir planten eine zweite Aufführungsserie mit anderen Sängern. Der Regisseur bestand aber darauf, die Wiederaufnahme selbst zu betreuen – da konnten wir zusammen nicht kommen, und so teilte der Münchner »Freischütz« das Schicksal so manch anderer »Freischütz«-Bemühungen.

Dennoch bin ich nach wie vor der Meinung, daß dieses Stück nicht verlorengehen darf. Es ist musikalisch aus den unterschiedlichsten Gründen zu wertvoll. Aber wie heute diese Herausforderung ohne Blessuren bestehen?

Ich bereue es nicht, daß wir den »Freischütz« wieder zur Diskussion gestellt haben. Aber der Weg dorthin war richtiger als seine Realisierung, die Theorie war überzeugender als das, was sich dann praktisch abspielte.

Und es artikulierte sich einmal mehr der klassische Konflikt, in den jeder Theaterleiter gerät. Ein einmal engagierter Künstler muß die Vollmacht haben, seine Ideen durchzusetzen, ohne von der Direktion daran gehindert zu werden. Ich würde es mir als Dirigent auch verbitten, wenn ein Regisseur mit dem Vorschlag käme, aus der Partitur sechzehn Takte herauszustreichen, weil er damit nichts anfangen kann. Ich würde dann sagen: »Kümmern Sie sich um Ihre Inszenierung, ich kümmere mich um meine sechzehn Takte!«

Offiziell gibt es eine »Dienstanweisung«, in der es heißt: Der Theaterleiter muß eingreifen, wenn bestimmte Empfindlichkeiten und Gefühle verletzt werden. Aber solange diese vom Gesetzgeber gesteckten Grenzen nicht tangiert sind, hat er kein Recht, den Regisseur in seinen Vorstellungen zu behindern.

Wenn ein Regisseur meint, er müsse den rauchenden Schornstein im Hintergrund haben, dann kann ich vielleicht sagen: »Spüren Sie nicht, wie kindisch und lächerlich das ist?« Aber wenn er dann insistiert: »Nein, das ist alles andere als kindisch!«, kann ich letztlich nichts unternehmen, denn sonst habe ich mich als Theaterleiter in seine Kompetenzen eingemischt.

Ich erinnere mich an die Zeit mit Rennert, der ein

ausgefuchster Theatermann und ein für Oper und Schauspiel international anerkannter Regisseur war: Er verpflichtete für eine »Fidelio«-Inszenierung zu den Festspielen 1974 unter meiner musikalischen Leitung einen Regisseur, der mit den Chorszenen überhaupt nichts anfangen konnte. Und ein 2. Akt »Fidelio« ohne Chor-Regie kann ein tödliches Unternehmen werden. Ab der Hauptprobe konnte sich der Regisseur Günther Rennert angesichts der Arbeit seines Kollegen nicht mehr zurückhalten, er stürzte auf die Bühne und fing an, dem Chor Anweisungen zu geben. Eine Situation, als würde ich bei einem Kollegen, der gerade am Pult steht, eingreifen und schließlich, vielleicht ab der Generalprobe, selbst übernehmen.

Trotzdem konnte Rennert das Stück nicht retten. Wir haben uns oben in seinem Büro unterhalten. »Bauchlandung! Bauchlandung!« prophezeite er. »Spielen wir dreimal in den Festspielen und dann nie mehr!« Und so war's dann auch.

Premieren dieser Art wird es immer wieder geben, sie passieren jedem Theaterleiter. Zur Zeit Rennerts, als man noch bis zu zwölf Premieren im Jahr hatte, war es nicht so tragisch. Bei fünf, maximal sechs Premieren pro Spielzeit, wie das heute der Fall ist, wiegt ein Flop schon schwerer.

Man wird und muß selbst dann Solidarität beweisen, wenn man lange und vergeblich Überzeugungsarbeit zu leisten versucht hat und das Mißlingen eines Premierenabends unweigerlich auf das Haus zukommen sieht, aber einem die Hände gebunden sind und man nicht nachdrücklich in die künstlerischen Abläufe eingreifen kann. Natürlich wird man bei künftigen Engagements aus den gemachten Erfahrungen zu lernen und die Konsequenzen zu ziehen versuchen, aber Schuldzuweisungen lösen das Problem nicht und entlassen niemanden aus seiner spezifischen Verantwortung und aus seinem spezifischen Risiko.

Es kann natürlich auch die gegenteilige Situation eintreten: daß man als Theaterleiter voll hinter einer Inszenierung steht, die überzeugend einen neuen Weg geht, vom Publikum und vielleicht auch von der Presse aber abgelehnt wird. Man kann nicht zweitausend Leute, die alle ihre eigenen optischen Vorstellungen mitbringen und das Stück zu kennen glauben, gleichermaßen überzeugen. Wenn mich eine Arbeit begeistert, wenn sie begründet ist und szenisch dem Werk gerecht wird, dann werde ich dafür zu kämpfen wissen. In den meisten Fällen habe ich dann auch recht behalten. Publikum und Presse stellen sich eben oft erst im Laufe der Zeit, nach dem zwei- oder dreimaligen Sehen, auf eine neue Idee ein und ändern dann ihre Meinung, während wir im Haus ja im Laufe der Probenarbeit schon den Zugang gefunden haben.

Ein Beispiel dafür war der Münchner »Ring des Nibelungen«. Ich habe Lehnhoff offen gesagt, was mich an seiner Inszenierung störte, aber zu neunzig Prozent war ich von ihr überzeugt. Und der »Ring« – sogar oder gerade ein so schwieriges Stück wie »Siegfried« – wurde einer unserer größten Erfolge an Prestige und Platzausnutzung.

Bei dieser und bei einigen anderen Inszenierungen, die ich zu verantworten hatte, kann ich sagen: Es hat sich gelohnt. Sie durchzusetzen bedeutete, sich eine neue Bühnendimension zu erschließen; es ist ein Weg aus dem Dilemma der heutigen Operninszenierungen gefunden worden, und wir haben Neuland betreten, ohne die Tradition zu verletzen, denn die Musik der älteren Opernwerke wird zwangsläufig immer der Tradition verhaftet bleiben müssen.

Es gibt allerdings auch Neuinszenierungen, die problemlos über die Bühne gehen. Ein Beispiel dafür war »Die Liebe zu den drei Orangen« von Prokofieff, für die Bühne eingerichtet von Jurij Ljubimow.

Ljubimows Grundidee fand ich großartig: Er fing das Stück mit einer Einheitsfarbe an und brachte im Laufe des Abends immer mehr die Farbe Orange ins Spiel. Das organisierte Chaos auf der Bühne, bei dem man Chor und Sängern trotz genauer Vorgaben freie Hand läßt und nur böse Überzeichnungen korrigiert – dieses Konzept war in seiner Wirkung verblüffend, denn das Stück bekam und behielt auf diese Weise eine unglaubliche Lebendigkeit und Spritzigkeit. Presse und Publikum waren begeistert: vor allem auch deshalb, weil endlich einmal Heiterkeit die Bühne beherrschte, während die Oper gemeinhin eher von Mord und Totschlag und großer Symbolik lebt.

Lustspiele haben es bekanntlich schwer. Selbst Puccinis »Gianni Schicchi« hat sich nie in dem Maße durchgesetzt wie beispielsweise »Bajazzo« oder »Cavalleria rusticana«. Die Menschen ziehen, zumindest in der Oper, offenbar die Tragödien vor. Oft spüren die Leute nicht einmal den Humor – etwa bei den »Meistersingern von Nürnberg« –, sie lachen und schmunzeln nicht, denn Oper als Genre ist für sie anscheinend immer eine sehr ernste, sehr erhebende, sehr aufwühlende Angelegenheit. Lachen verboten!

Weitere Idealfälle an Operninszenierungen waren unter anderem Richard Wagners »Liebesverbot« und Paul Hindemiths »Cardillac«, beides inszeniert von Jean-Pierre Ponnelle, und Gottfried von Einems »Dantons Tod«, inszeniert von Johannes Schaaf. Ponnelle war einer der letzten großen Opernregisseure. Seine Inszenierungen fanden bei Presse und Publikum großen Anklang. Meine persönliche Vorstellung deckte sich hundertprozentig mit der des Regisseurs.

Für mich war Jean-Pierre Ponnelle ein wunderbarer Theatermann, und zwar als Allround-Künstler, nicht nur als Spezialist für Rossini oder Monteverdi, nicht nur, was seine »Cenerentola« oder »Die Italienerin in Algier« angeht. Er ist mit derselben Konsequenz an Werke Mozarts herangegangen oder an zeitgenössische Komponisten und Uraufführungen, wie etwa an Opern von Aribert Reimann. Was er bei uns in München gemacht hat, war phänomenal: Ein Meister, der sich im Film auskannte, Lichtregie, Kostüm und Bühnenbild beherrschte, ebenso Schauspiel inszenierte, ähnlich wie Rennert, Schuh oder Schenk. Ponnelle war ein wirklicher Theaterfachmann. Sein Credo war, dem Werk zu dienen.

Genau das, was die »modernen« Regisseure nicht mehr wollen oder können.

»ICH WILL PROVOZIEREN!«

Die wenigsten jungen Regisseure sind bereit, das zu tun, was ein Dirigent tut, der ja das Notenmaterial schwarz auf weiß vor sich hat und es nun umsetzt: die Geschichte dieses Abends in einer dem Werk dienenden Weise zu erzählen. Regisseure sind meistens nicht bereit, über das Arrangement der einzelnen Künstler auf der Bühne hinaus genausoviel an eigenen Gedanken einzubringen, daß man sagen könnte, jeder dieser Gedanken dient dem Verständnis des Werkes, trägt zu einem dem Werk entsprechenden Ablauf bei und formuliert das Stück so, wie es sich der Komponist bei der Vertonung des gewählten Librettos gedacht hat.

Jeder Dirigent müßte sich im klaren darüber sein, daß seit der Entstehung eines Stückes bis zum heutigen Zeitpunkt Hunderte von Interpretationen gefunden worden sind, denen er keine sensationell neue mehr hinzufügen kann. Es kann mir keiner sagen, ein Brahms, Bruckner, Beethoven oder Mozart müßte heute neu entdeckt werden, und erst jetzt habe er endlich das richtige Tempo gefunden! Ich kann also nur versuchen, und wenn es zum fünfzigstenmal ist, es immer wieder richtig zu machen, wobei auch ein Tempo, das schneller oder langsamer ist als das eines Kollegen, richtig sein kann, wenn es entsprechend erfüllt ist und wenn alle Anforderungen der Partitur bewältigt werden.

Kein Regisseur sollte sich einbilden, daß er, wenn er einen Wagner oder Verdi inszeniert, wenn er also eine Oper auf die Bühne stellt, die seit einhundert und mehr Jahren inszeniert wird, der erste sei, der den Sinn von »Aida«, »Lohengrin«, »Meistersinger« oder »Rosenkavalier« neu entdeckt. Das Ergebnis solcher Einbildung sind dumme Gags, ist Überheblichkeit, ist Krampf. Man will brillieren. Da ist einer auf dem Kopf gestanden! Völlig neu, das habe ich weder bei dem Kollegen X noch bei dem Kollegen Y gesehen. Er war der erste... Mag ja ganz nett sein, daß jetzt einer auf dem Kopf steht. Aber was ist damit gewonnen? Ich erwarte von einem Regisseur, daß er sich genauso in den Dienst der Sache stellt, wie wir Musiker das tun. Kein Sänger würde sich heute einbilden, daß das hohe C, das er als Spitzenstar seiner Zeit zum besten gibt, nicht vor ihm ein anderer genauso gut, wenn nicht besser gebracht hat.

Ich kann mich an einen Regisseur erinnern, mit dem ich in München eine Wagner-Oper gemacht habe und mit dem ich zu argumentieren versuchte: »Sie wissen doch, daß das, was Sie da tun, nun mit dem Werk gar nichts zu tun hat! Sie fordern doch nur das Mißbehagen des Zuschauers heraus. Oder glauben Sie wirklich, daß man Ihnen diesen Unfug, den Sie da auf der Bühne den Künstlern abverlangen, abnimmt? Warum provozieren Sie das Publikum?« Und dann kam die entwaffnende Antwort: »Das ist meine Aufgabe! Ich will provozieren!« Da kann man dann nichts mehr erwidern. Es kommt mir so vor, als würde ich entscheiden, ich lasse jetzt sämtliche Holzbläser einer Wagner-Partitur weg und übertrage ihre Funktion einer Ziehharmonika. Es geht nur darum, sich selbst zu profilieren, aber nicht darum, dem Werk zu dienen, das inszeniert: in Szene gesetzt, wird. Wer absichtlich provoziert, liefert für mich ein Eingeständnis einer gewissen Unfähigkeit. Denn wäre er in der Lage, eine der betreffenden Situation entsprechende Lösung zu finden oder mit den Künstlern eine zwingende Gestik oder Reaktion zu erarbeiten, wäre er in der Lage, den Zuschauer zu faszinieren, hätte er im Sinne des Stückes etwas Positives als Regisseur geleistet. Auch dann, wenn es ihm gelungen wäre, aus einer Figur heraus zu provozieren, wenn es sich also um eine Provokation im Sinne des Stückes gehandelt hätte, die sich erschließt und überträgt, die ein Publikum zur Reflexion anregt. Aber etwas zu machen, was mit dem Stück und seinem Ablauf nichts zu tun hat, nur um sagen zu können, ich provoziere, weil ich provozieren will...?

Dazu kommt: Viele Regisseure unserer Zeit können mit einem Klavierauszug, mit der Musik, nichts mehr anfangen. Das hat sich inzwischen herumgesprochen. Früher hingegen haben große Regisseure – etwa Ponnelle, Rennert, Schuh oder Wieland Wagner – nicht nur aus dem Klavierauszug inszeniert, in dem sich die Musik schwarz auf weiß als Konzentrat der Partitur darstellt, sie haben nach der Partitur inszeniert. Sie haben gesehen, da ist eine kleine Stimme des Fagotts, oder da ist ein Paukenschlag, den man im Klavierauszug gar nicht feststellen kann. Sie haben aufgrund der

Orchestrierung, der Instrumentation, ihre Konzeption für die Bühne entwickelt. Nur in der Partitur steht, was gemeint ist. Im Klavierauszug kann man nicht alles sehen. Da liest man einen Akkord, aber ob das die Streicher oder die Bläser sind, bleibt offen. Ob es fortissimo oder piano ist, steht vielleicht da, aber man kann ein Fortissimo auch mit vier Instrumenten erzielen, dann ist es immer noch ein Quartett-Fortissimo und nicht ein Orchester-Tutti von achtzig Personen. Solche Dinge hat ein Ponnelle eben gewußt und daraus die Konsequenzen für seine Arbeit auf der Bühne gezogen. Dies war ein Teil seiner Größe, seiner Kapazität.

Noch ist die Zeit nicht reif, sich wirklich wieder auf den Inhalt eines Stückes einzulassen und das Gefühl dafür zu entwickeln, welche traditionellen Werke geeignet sind, sie »aufzubrechen« – ein entsetzliches Wort! Es ist sinnlos, »Neuland« in einer »Bohème« entdecken oder neue Geheimnisse »einbringen« zu wollen. Es gibt gesellschaftspolitische Stücke – »Nabucco«, »Fidelio«, auch den »Ring« –, bei denen vielleicht Möglichkeiten bestehen, in einer »Auf- und Umbruchstimmung« zu inszenieren. Aber letzten Endes ist es doch so: Ohne Musik würden diese Stücke überhaupt nicht aufgeführt. Die Musik, möglichst gute Sänger, ein möglichst guter Kapellmeister – diese Faktoren werden auch weiterhin den Ausschlag geben bei dem, was wir als Oper bezeichnen. Solange man sich dessen bewußt ist, daß es die Musik ist, die den Abend zu einem Ereignis werden läßt, ist noch nicht aller Tage Abend. Solange ist die Oper nicht verloren. Ich hoffe, daß eines Tages wieder ein wirklich guter, geistvoller, geschmackvoller, die Grenzen des Theaters akzeptierender Regisseur kommt, der auf ganz breiter Basis das Ruder herumreißt, um den Kurs des Operninszenierens so zu bestimmen, wie es von den Werken her zu sein hat.

Das alles heißt nicht, daß ich skeptisch bin gegenüber neuen Ideen und Impulsen. Im Gegenteil, ich erwarte sie. »Tiefland«, ein hinreichend bekanntes Stück, ist so gut wie völlig von der Opernbühne verschwunden. Dabei ist es ein ausgesprochen starkes Theaterstück und eine Oper in dem Sinne, wie ich mir Oper vorstelle: dramatisch, spannend, musikalisch interessant. Warum ist es von den großen Bühnen fast verschwunden?

Ein Regisseur hat vor etwa zwanzig Jahren eine Lösung für das dem Stück anhaftende Problem gefunden, und wer das Stück kennt, wird wissen, was ich meine. Der Hirte Pedro bringt seinen Rivalen um, der das von ihm geliebte Mädchen Martha unten im Tal, im »Tiefland«, festhält. Dann geht er mit seiner Martha zurück in die Berge. Er reinigt sich, poetisch gesprochen, dadurch von dem Vorwurf des Mordes, daß er in die Einsamkeit der Berge zieht. Den Mord wird jeder im Publikum rechtfertigen, aber moralisch und juristisch gesehen ist das natürlich problematisch. Da hatte ein Regisseur, um diese schlichte Erzählung interessanter zu machen, die in meinen Augen gute Idee, das Werk in Form einer Gerichtsverhandlung anzufangen. Die ganze Oper läuft sozusagen wie eine Rückblende im Film ab. Das Stück wurde überhaupt nicht angetastet, auch vom Musikalischen her nicht, es wurde nur überzeugender dargestellt.

Wenn einem Regisseur so etwas einfällt, wenn er eine zwingende, dem Werk dienende Idee hat, dann würde ich mich auf jeden Fall dafür stark machen. Was hier mit »Tiefland« geschah, wurde ein großer Erfolg für den Regisseur und letzten Endes auch für die Oper.

Nun kann ich mir durchaus vorstellen, daß man gewisse Stücke aktualisieren kann und muß. Auch Ponnelle hat das getan, mit Monteverdi zum Beispiel. Da gibt es viele Möglichkeiten, das Publikum zu faszinieren, auch was »Tosca« und »Fidelio« angeht. Aber ich bin absolut allergisch gegen einen »Fidelio«, in dem Rocco befiehlt, die leichteren Gefängnisse zu öffnen, die schweren Gefängnisse, in denen die Staatsverbrecher oder die politischen Häftlinge eingesperrt sind, wie unser Held Florestan, aber nicht aufzumachen. Und dann kommen aus diesen leichteren Gefängnissen verstümmelte, hinkende, völlig heruntergekommene Chorsänger gekrochen, denen man ansieht, wie großartig der Regisseur mit ihnen gearbeitet hat. Da wanken dann Gestalten ans Sonnenlicht, bei denen man sich sagt, wenn das die Gefangenen der leichteren Gefängnisse sind, wie werden da erst die Gefangenen der schweren Gefängnisse aussehen. Es macht Effekt, aber ob es auch logisch ist, bleibt dahingestellt.

Ich habe mit heutigen Regisseuren auch gute Erfahrungen gemacht, etwa mit Nikolaus Lehnhoff. Wir haben, wie bereits erwähnt, den »Ring des Nibelungen« miteinander realisiert sowie die Uraufführung der Neufassung von Hans Werner Henzes Oper »Prinz von Homburg«. Ich habe selten erlebt, daß ein Werk der Moderne so einhellig akzeptiert wurde.

Lehnhoff ist ein Regisseur, der durch seine lange Studienzeit als Assistent Wieland Wagners in Bayreuth das Theater von der Pike auf kennt. Er weiß genau, was er einem Stück zutrauen und zumuten kann. Er hat eigene und eigenwillige Konzeptionen, die in einem Fall dazu führten, daß wir uns getrennt haben, weil unsere Meinungen zu weit auseinandergingen. Es handelte sich um den »Fliegenden Holländer«. Nach der von ihm vorgelegten Konzeption wäre ich mit meiner musikalischen Auffassung vom »Holländer« in Konflikt geraten, und da habe ich als Theaterleiter entschieden, ihm vorzuschlagen, daß wir, bevor wir in einen Clinch geraten, lieber in Frieden und Freiheit auseinandergehen. Ich denke, das ist legitim, wenn man kontroverse Vorstellungen hat.

Zu einem Bruch mit einem Regisseur kam es einmal über Verdis »Die Macht des Schicksals«. Auslöser war der folgenschwere Schuß im 1. Akt: Der Marchese von Calatrava, der Vater von Leonore, des Mädchens, das einen Mestizen liebt, fordert diesen Mestizen bekanntlich zum Duell, dieser läßt sich auf den Kampf aber nicht ein und wirft seine Waffe zu Boden, wobei sich ein Schuß löst, der den Marchese tödlich trifft. Er ist zum Mörder geworden, die Macht des Schicksals hat zugeschlagen. Mit dieser Macht hat man es dann die nächsten vier Stunden zu tun. Nun wollte der Regisseur, von dem ich spreche, es nicht bei diesem unglückseligen Pistolenschuß bewenden lassen, sondern diese Schicksalsfügung als bewußten Mord inszenieren. Ich sah das nicht ein, denn wenn es vorsätzlicher Mord ist, dann heißt das Stück nicht mehr »Macht des Schicksals«, sondern »Ein Mörder wird gejagt«! Doch der Regisseur war nicht davon abzubringen. Er wollte Profil zeigen und fand es langweilig, sich an das zu halten, woran sich Aberdutzende anderer Regisseure gehalten hatten, eben an die »Macht des Schicksals«. Er wollte auf Kosten der Oper einen neuen Weg gehen. Die Aufführung kam nicht zustande, jedenfalls nicht unter meiner musikalischen Leitung.

Aus Gründen der Werktreue habe ich auch eine konsequent geplante »Ring«-Zusammenarbeit nach dem dritten Werk abgebrochen. Das Ganze war so politisch eingefärbt, daß ich schließlich gesagt habe: Wenn das so weitergeht, mache ich das vierte Stück nicht mehr. Und weil es so weitergehen sollte, habe ich mich eben zurückgezogen. Es sind künstlerische Entscheidungen, die manche sicher nicht teilen werden, aber das kann mir letzten Endes egal sein, denn ich muß die Entscheidung für mich allein treffen.

Um auf Lehnhoff zurückzukommen. Wir hätten den »Prinz von Homburg« nicht zusammen machen können, wenn wir beim »Holländer« nicht in Freundschaft auseinandergegangen wären. Es geschah aus gegenseitigem Respekt vor den jeweiligen Aufgabengebieten. Wenn Meinungen absolut nicht aufeinander abzustimmen sind, ist es besser, sich zunächst einmal zu trennen. Man kann das sicherlich nicht in allen Fällen so machen, das funktioniert nur, wenn man seinen Partner besser kennt und erfolgreich mit ihm zusammengearbeitet hat. Oder auch, wenn man die Arbeit des Betreffenden mit anderen Dirigenten und an anderen Bühnen kennt und anerkennt.

Ich erinnerte mich seinerzeit an die Zusammenarbeit zwischen Lehnhoff und Karl Böhm in Paris bei der »Frau ohne Schatten«, die von Böhm, der auch in dieser Beziehung ein sehr, sehr kritischer alter Herr war, hoch gelobt wurde. Böhm selbst brachte den Namen Lehnhoff immer wieder ins Gespräch. Und ich kannte die Meinung Wieland Wagners über Lehnhoff. Ich hatte – ganz abgesehen von unserer »Ring«-Arbeit – in vielen anderen Beispielen die Überzeugung gewonnen, daß dieser Regisseur eigene praktikable Gedanken hat. Daß in diesem einen Fall die angestrebte Zusammenarbeit nicht auf einen Nenner zu bringen war, tat unserem gegenseitigen Respekt keinen Abbruch. Dazu kam, daß es sich beim »Holländer« ausgerechnet um ein Werk handelte, das bereits in einer vorhergegangenen Konzeption gescheitert war.

Dieser frühere »Holländer« war heftig angefeindet worden. Das Publikum brachte seinen Unmut auch mir gegenüber sehr deutlich zum Ausdruck, obwohl ich damals noch gar nicht als Direktor des Opernhauses, sondern nur als Dirigent betroffen war. Und die Presse? Sie hatte mich vorher angegriffen, warum ich denn nicht den Mut hätte, einmal mit dem Regisseur N.N. zu arbeiten. Meine konservative Haltung würde mich daran hindern, mich mit diesem N.N. auseinanderzusetzen usw. Und genau der Kritiker, der diese Forderung aufgestellt hatte, schrieb dann, als ich mit N.N. den »Holländer« machte: Ist Sawallisch wahnsinnig geworden? Er sollte wissen, daß man mit diesem Mann nicht zusammenarbeiten kann!

DOCH DIE PHANTASIE BLEIBT AUF DER STRECKE

Als ich in München Peter Cornelius' »Barbier von Bagdad«, ein Juwel der Opernliteratur, als Festspielpremiere ansetzte, erntete ich böse Kritik. Die Presse wollte trotz der hervorragenden Besetzung mit Lucia Popp, Kurt Moll und Peter Seiffert nicht akzeptieren, daß man sich einen Akt lang mit der Frage »rasieren« oder »nicht rasieren« beschäftigen kann. Das sei kein Festspielstück! Das sei »nur« eine Spieloper!

Doch warum sollte es zur Festspieleröffnung nicht eine Spieloper in höchster Vollendung geben? »Man« will bei Festspielen eben *die* repräsentative Oper. Aus der Sicht eines Direktors der Münchner Staatsoper aber bedeutet das: das Opernspektakel im Großen und eine spezielle, originelle Oper im Kleinen Haus. Und diesen ungeschriebenen Gesetzen hat sich der Theaterleiter nolens volens zu beugen. In bezug auf den Spielplan sind ihm damit die Hände gebunden. Von den maximal sechs möglichen Premieren ist eine die Festspieleröffnungs-Premiere im Großen Haus, die zweite eine Festspiel-Premiere im Kleinen Haus, im Cuvilliés-Theater. Terminlich wie inhaltlich sind also auf diese Weise zwei Daten bereits fixiert.

Dazu kommt, daß man die Gelegenheit, mit Stars zu arbeiten, nicht ungenutzt lassen darf. Und das heißt wiederum: klassisches italienisches Repertoire, also Verdi und Puccini, oder klassisches deutsches Repertoire, also Mozart, Wagner und Strauss, die ohnehin in regelmäßigen Abständen neu inszeniert werden müssen. So will es die Tradition. Wie soll da noch Lortzings »Wildschütz« oder ein anderes schwer zu besetzendes, schwer zu inszenierendes Werk untergebracht werden? Wie kann da noch ein Repertoire für das Ensemble aussehen?! Die wenigen Premieren, die großen Häusern heute noch möglich sind, müssen in einem Welt-Spitzenhaus international besetzt werden, so verlangt es das Publikum – und so endet alle Planung in Fragen wie: Wann ist dieser oder jener Sänger frei? Welche Partien hat er drauf?

Gleichzeitig sind wir dabei, die regionalen und nationalen Charakteristika zu nivellieren. Ein Beispiel: Als ich jetzt in Prag war, was stand auf dem Programm der Prager Staatlichen Oper? »La Bohème«, »Tosca«, »Fidelio«, »Rosenkavalier« und dazwischen, fast wie eine Pflichtübung, »Die Jakobiner« von Dvořák. Ein Repertoire, das sich kaum noch von dem der Met, von Covent Garden, von München, Berlin oder Wien unterscheidet. Jedes Haus beansprucht für sich selbstverständlich die besten Sänger. Man kann sich mühelos ausrechnen, wann wo was mit wem spielt... Die Sänger wandern von Inszenierung zu Inszenierung. Aber auch die Regiefrage stellt sich längst nicht mehr, denn alle Stars machen letztlich, was sie für richtig halten; allenfalls beachten sie ein paar Positionen, um im richtigen Licht zu stehen. Macht das noch Sinn?

Dazu kommt die mehr oder minder berechtigte Eitelkeit der Regisseure und Bühnenbildner, die alles daransetzen, zumindest den technischen und finanziellen Aufwand ihrer Vorgänger zu übertreffen. In den Werkstätten kann aber nicht mehr geleistet werden, weil aufgrund der Einsparungsmaßnahmen Stellen abgebaut werden. Wie also soll bei reduziertem Personal und reduzierter Arbeitszeit den steigenden Anforderungen begegnet werden? Wie etwas hergestellt werden, wofür bisher doppelt soviel Kräfte beziehungsweise doppelt soviel Arbeitszeit zur Verfügung standen? Da heute länger an einer Produktion gearbeitet werden muß, steigen automatisch die auf diese Produktion umzulegenden Lohnkosten – und dann heißt es, der Aufwand sei explosiv gestiegen!

Wir leben in einer Zeit, die auf der Bühne Realismus fordert: Die Rosen müssen echt, die Kostüme müssen teuer, die Vorhänge sollen nicht nur echt aussehen, sie müssen echt sein. Die Phantasie bleibt auf der Strecke. Entwickelt ein Regisseur einmal wirklich Phantasie – wir haben das bei einer »Die Lustigen Weiber von Windsor«-Inszenierung mit einem Shakespeareschen Theaterkarren, dessen Requisiten die Bühne je nach Bedarf füllten, sehr witzig realisiert –, dann heißt es in der Presse: »Bankrotterklärung der Oper! Eine Bühne ohne Dekoration!« Gestern stand da noch: »Protz in der Oper! Die Bühne erstickt im Aufwand!«

Mein Traum war und ist ein Konzept, das sich zu dem bekennt, was Theaterspielen ist. Als Kind hatte ich ein Kasperltheater, und zusammen mit anderen Kindern gaben wir Vorstellungen für Freunde und Erwachsene. Dasselbe Prinzip, das dafür galt, besitzt

Gültigkeit auch für die komplexesten Bühnen: Die Leute, die gekommen sind, sitzen vor dem Vorhang, dieser öffnet sich, und das Spiel beginnt!

Man spielt den Leuten etwas vor: Theater. Für zwei, drei Stunden wird ihnen eine Welt suggeriert, die nicht realistisch ist – eben eine Theaterwelt. Alles, was da oben golden glänzt, ist kein Gold; es sieht nur so aus, es wurde von uns so manipuliert! Warum wird nicht angedeutet, was heute so aufwendig nachgebaut wird? Eine realistische Dekoration zu erstellen kostet ohnehin ein Vielfaches der Summe, die beispielsweise die Dekoration einer Fernseh-Show kostet, die nach der Sendung weggeworfen wird. Eine Bühnendekoration muß, welchem Stil- und Gestaltungsprinzip sie auch folgt, so solide sein, daß sie über mehrere Jahre hinweg Dutzende Male auf- und abgebaut werden kann. Die Malerwerkstätten der Oper haben mit einer normalen Malerwerkstatt nichts zu tun; da arbeiten hochqualifizierte Künstler, die Prospekte und Wände malen. Das Spielerische, das, was sich hinter einem geschlossenen Vorhang abzeichnet, kommt zu kurz. Eine Situation, von der ich nicht ungern Abschied genommen habe.

Viele Regisseure stört bezeichnenderweise dieser Vorhang, offenbar weil er eine Trennung von Realität und Bühnenwirklichkeit darstellt. Statt dieses Spannungsverhältnis zu nutzen, will man die Menschen, die ins Theater kommen, möglichst direkt mit der Wirklichkeit auch auf der Bühne konfrontieren. Ich halte das für falsch. Die Bühne sollte nicht zur Fortsetzung des Alltags werden, denn dann verliert sie ihre Funktion und schafft sich letztlich selbst ab.

DIESE ABSURDE LEIDENSCHAFT

VON OPERNHÄUSERN UND KOMPONISTEN

Es gibt Opernhäuser, die allein durch ihren Namen eine Sonderstellung einnehmen. Die Met, die Scala, Covent Garden ... Wenn von der Met die Rede ist, weiß jeder, daß mit dieser Abkürzung das New Yorker Metropolitan Opera House gemeint ist. Im Falle der Scala muß man nicht hinzufügen, daß sich diese Scala in Italien und genauer in Mailand befindet. Sie ist ein Begriff. Und nicht anders verhält es sich mit der Covent Garden Opera in London.

Solche Namen sind deckungsgleich mit außerordentlicher Qualität. »La Scala«, das heißt Toscanini, Caruso, Callas, Verdi, Puccini, Donizetti und Bellini; das heißt die besten Sänger der Welt; das heißt aber auch »gefährliches Pflaster«, siehe die Geschehnisse um Pavarotti. Früher war es an der Scala so, daß sich das Publikum während der Vorstellung immer wieder zurückzog, in den den Logen außerhalb gegenüberliegenden Garderoben ein Abendessen einnahm und genau zum hohen C des Tenors in die Vorstellung zurückkam und lautstark buhte, wenn der Bravourakt danebenging. An den Stücken selbst war man weniger interessiert als an der artistischen Leistung.

Für ein bestimmtes Repertoire – natürlich in erster Linie für das italienische – war die Scala immer schon richtungweisend. Toscanini aber hat von der Scala aus auch sehr viel getan, um beispielsweise Richard Wagner in Italien durchzusetzen.

Die Gefahr solcher Namen und Begriffe ist, daß man sie nicht kontinuierlich hinterfragt, sondern blindgläubig auf die nächste Generation überträgt. Solange ein Begriff eine echte Verpflichtung ist und solange ein Haus wie die Scala alles tut, um wirklich das Beste vom Besten anzubieten, ist der Anspruch gerechtfertigt. Meiner Beobachtung nach existiert dieser Anspruch heute mehr denn je, und das ist andererseits eine nicht zu unterschätzende Gefahr: Es läßt ein allmähliches Heranwachsen der jungen Sängergeneration nicht mehr zu, da große Teile des Publikums Ansprüche stellen, die ein junger Sänger am Anfang seiner Karriere nicht erfüllen kann. Die Möglichkeiten, eine Oper mit jungen Sängern aufzuführen, sind kaum noch gegeben, weil das Publikum an diesem Haus eine »Aida« ohne Stars nicht akzeptiert und jeder jüngere Sänger an den enorm hohen Publikumserwartungen gemessen wird. Wo aber sollen die Jungen ihre Erfahrungen sammeln? Früher konnten sie in Italien an den kleinen Opernhäusern heranwachsen, aber die Kosten und sonstige Restriktionen machen das heute nahezu unmöglich.

Der Stagione-Betrieb und die Art, wie wir zum Beispiel in München Oper spielen, lassen sich kaum vergleichen. Wir wissen heute bei der Aufstellung eines Münchner Spielplans ganz genau, daß am 17. Februar 1994 ein »Otello« stattfinden wird. An der Scala aber wird man niemals einen Vertrag bekommen, in dem steht, die Vorstellungen sind am 10., 13. und 19. März, sondern da heißt es: Der Künstler ist vom 1. bis zum 20. März verpflichtet. In diesem Zeitraum finden dann fünf, sechs oder acht Vorstellungen statt. Mir persönlich ist es ein Rätsel, wie an der Scala eine plötzlich eingeschobene oder verschobene Vorstellung, von der noch gestern kein Mensch etwas ahnte, mit allen notwendigen Umdispositionen letzten Endes doch funktioniert! Und wie sie sich herumspricht! Zum ursprünglich vorgesehenen Donnerstag-Beginn ist kein Mensch in der Scala, und am Samstag ist die neu angesetzte Vorstellung ausverkauft... Wie das alles geht, ist ein Geheimnis, hinter das ich bisher nicht gekommen bin.

In einem Repertoire-Theater wie der Met oder der Bayerischen Staatsoper könnte man nicht arbeiten wie im Stagione-Betrieb der Scala – da muß man einfach langfristig vorausplanen, denn anders könnte der Vorhang nicht täglich aufgehen. Das »Modell Scala« ist für mich keinesfalls eine Alternative, die sich auf die Repertoire-Bühnen übertragen läßt. So etwas wie »Semi-Stagione« wird an den großen Opernhäusern mit den Aufführungsreihen neuerdings ohnehin praktiziert: Ein Werk wird fünf- bis siebenmal »abgespielt«, dann auf Eis gelegt und in der zweiten Hälfte der Saison oder in der nächsten oder übernächsten Saison in einer neuen Serie wiederaufgenommen. Die Semi-Stagione hat Vor- und Nachteile. Der Repertoire-Betrieb generell aber hat den Vorzug, daß ein breit gefächertes Opernangebot von vierzig bis fünfzig Werken auf dem Spielplan gehalten werden kann.

Nur so hat das Publikum immer wieder die Möglichkeit, einen Lieblingskomponisten zumindest einmal im Jahr mit einem Werk vertreten zu sehen. Beim reinen Stagione-Betrieb kommt es vor, daß bestimmte Werke und bestimmte Komponisten zwanzig, dreißig Jahre auf dem Programm nicht vertreten sind. Ein Opernbesucher wird manche große Werke an »seinem« Haus nie kennenlernen können, er wird dazu also nach Wien, München oder New York fahren müssen. Dies kann nicht der Sinn eines regionalen Opernhauses sein.

Durch das von mir schon zitierte »Ring«-Debakel an der Scala konnte »Die Götterdämmerung« nicht mehr in den Zyklus aufgenommen werden. Das führte also dazu, daß eines der größten Werke der »Weltliteratur« 35 Jahre lang an der Scala nicht mehr zu sehen war und ist. Ein anderes Beispiel: Nach 25jähriger »Enthaltsamkeit« an der Scala habe ich an diesem Haus mit Nikolaus Lehnhoff »Die Meistersinger von Nürnberg« neu herausgebracht.

Das ist bezeichnend für den Stagione-Betrieb, und es ist gefährlich. Ein großer Teil des Publikums wird mit diesen Werken überhaupt nicht mehr konfrontiert und erhält keinen Überblick über die Opernliteratur. Dieser Nachteil ist inzwischen auch in Italien erkannt worden, und die Scala, aber auch andere italienische Opernhäuser sind bemüht, sich das fehlende Repertoire durch Wiederaufnahmen und Gastspiele auf die Bühne zu holen. Groteskerweise ist bei uns, die wir eigentlich stolz auf das sein sollten, was wir praktizieren, genau der gegenteilige Trend festzustellen: Wir driften von der Semi-Stagione in Richtung Stagione, wollen aber gleichzeitig daran festhalten, daß möglichst jeden Abend der Vorhang aufgeht. Ein Widerspruch, um den ich mich gottlob heute nicht mehr kümmern muß!

In einem Punkt ist ein Haus wie die Scala allen anderen von vornherein überlegen. Daß dort zahllose Opernwerke welturaufgeführt wurden, untergingen, sich durchsetzten, wieder vergessen wurden, um erneut ein kometenhaftes Comeback zu feiern, macht die Scala konkurrenzlos. Sie wurde für ganze Generationen italienischer Komponisten zum Prüfstand ihrer Qualität und ihres Erfolgs.

Ein Haus wie die Bayerische Staatsoper kann da schwer mithalten. Von der Uraufführung wichtiger Wagner-Opern abgesehen, kann München auf keine solche Tradition zurückblicken. Um Uraufführungen hat man sich nie gerissen. Sogar Strauss, ein Sohn der Stadt, vertraute mit zwei Ausnahmen die Uraufführung seiner Werke anderen Bühnen an: Wien oder Dresden. München spielte nur mehr oder weniger prompt nach ...

Auch ich vertrat den Standpunkt, München muß nicht auf Biegen oder Brechen uraufführen. Es ist keine Schande, einem neuen Werk als zweites oder drittes Opernhaus zum Durchbruch zu verhelfen. Natürlich haben auch wir Aufträge vergeben, das gehört selbstverständlich dazu, und wir waren das Forum einer ganzen Reihe von Uraufführungen auf dem Opern- und auf dem Ballett-Sektor. Mit den Uraufführungen der Aribert-Reimann-Opern »Lear« und »Troades« hatten wir einen enormen Erfolg – auch beim Publikum, auch bei den Wiederaufnahmen ...

Das Problem ist weniger die Bereitschaft eines Opernhauses, sich auf die zeitgenössische Moderne einzulassen, sondern eher die mangelnde Bereitschaft der Komponisten, sich Stoffen zuzuwenden, die für ein großes Haus und ein großes Orchester geeignet sind. Die meisten heutigen Komponisten konzentrieren sich auf kleine Werke, auf Kammermusik, auf Kurzopern. Wie aber soll ein großes Opernhaus mit über zweitausend Plätzen damit zurechtkommen? Ein Grund dafür mag sein, daß sich viele Komponisten nicht in die gefährliche Konkurrenz zur traditionellen Oper begeben wollen und auf der verzweifelten Suche nach tragfähigen Stoffen sind. Vielleicht entstehen in der Zukunft aus den zumeist kürzeren Werken andere, zeitgemäßere Rezeptionsformen, aber das sind schwer einzuschätzende Entwicklungen.

Ein anderes Problem ist die immense Zeit, die heutzutage zwischen einem Kompositionsauftrag und dem fertigen Werk vergeht. Mozart, Verdi oder Rossini haben in wenigen Wochen oder Monaten Meisterwerke geschrieben. Doch das ist vorbei. Mag sein, daß die langen Mühen heutiger Komponisten auch mit der Gefahr des Plagiats zusammenhängen.

JEDER SUCHT DIE ÖFFENTLICHKEIT

Ein unnatürliches, künstlich geschaffenes Gebilde, in dem sich Leute (über welches Thema auch immer) merkwürdigerweise singend unterhalten – das ist die Urerfahrung namens Oper! Nun könnten wir uns in die Rolle eines ganz naiven Theaterbesuchers versetzen und uns fragen, was er eigentlich von der Oper erwartet? Die Antwort könnte lauten: Ich möchte etwas von dem begreifen, was sich auf der Bühne abspielt, denn wenn die da oben nicht sängen, sondern sprächen, verstünde ich es ja auch! Aber wie etwas verstehen, wenn zwei gleichzeitig singen, von größeren Ensembles ganz zu schweigen? Ein hoffnungsloses Unterfangen. Doch wir sind in der Oper, nicht im Schauspiel!

Eine Voraussetzung für das Verständnis sind zum Beispiel Stimmen, die Worte so in Gesang umwandeln können, daß sie verständlich bleiben und dem Ohr angenehm sind. Stimmen aber können nur angenehm und verständlich klingen, wenn sie Phrasen zu singen haben, in denen melodische Abfolgen – siehe Verdi, Mozart, Wagner, Puccini – in den Dienst des zu interpretierenden Textes gestellt werden.

Der Melodienschatz hat sich im Laufe der letzten vierhundert Jahre erschöpft. Es gibt keine melodische Abfolge mehr, die nicht irgendwann von irgendeinem Komponisten zu Papier gebracht worden ist. Aber das betrifft nicht nur den Ablauf einer Melodie, sondern gleichermaßen auch Harmonie, Rhythmus und strukturelle Gestaltung. Wie oft hat man der modernen Musik vorgeworfen, einen Mozart mit falschen Noten zu produzieren! Doch was sind falsche Noten? Noten, die nicht in die Harmonien passen? Noten, an die man sich erst noch wird gewöhnen müssen? Noten, an die man sich nie wird gewöhnen können?

Die zeitgenössische Musik ist, was die Behandlung der Stimme und den Ablauf einer Melodie angeht, so ins Extrem gegangen, daß der Sänger keine Melodie mehr singen kann, sondern von Tonhöhe zu Tonhöhe springen muß. Die Zwölftonmusik machte den Anfang. In Arnold Schönbergs »Moses und Aron«, streng gebaut nach den Zwölftongesetzen, sind für die menschliche Stimme solche Intervalle zu überbrücken, daß zu fünfzig Prozent nicht mehr kontrollierbar ist, ob das nun so in der Partitur steht oder nicht. Es sieht optisch in der Partitur zwar so ähnlich aus, ist aber nicht mehr nachvollziehbar, weil diese Tonsprünge nach oben und nach unten von einem normalen Interpreten, auch bei härtestem Studium, nicht immer exakt getroffen werden können.

Der Text, der zu sprechen und zu singen ist, wird bei diesem Vorgang und auch durch die sinnlos falschen Betonungen nebensächlicher Nachsilben vollkommen zerstückelt – alles nur, um etwas Neues zu schaffen. Ein verständlicher Antrieb, aber das Publikum will es nicht hören. Und einen Grund muß es doch geben, warum sich die Menschen verweigern. Müssen wir das Publikumsurteil nicht zumindest respektieren? Der »Unterhaltungsbetrieb« Oper wird subventioniert und mit aller Anstrengung aufrechterhalten. Das geschieht nicht zum Ruhme der Direktion, sondern für die zahlenden Menschen. Und Tatsache bleibt, daß das Publikum zur Rezeption einer gewissen Musik des 20. Jahrhunderts nicht bereit ist.

Die meisten Komponisten, die sich heute mit Oper beschäftigen, wissen, daß es sich so verhält, wie ich es eben geschildert habe. Von wenigen Ausnahmen abgesehen, glaube ich nicht, daß es Komponisten gibt, die wild entschlossen sind, nur für sich selbst zu schreiben, ohne sich im geringsten um die Akzeptanz zu kümmern. Nahezu jeder Künstler schreibt auch für andere. Jeder sucht die Öffentlichkeit.

Aber da ist eben die Angst, daß man einem Komponisten vorwerfen könnte, er schreibe Melodien ab oder verwende Tonfolgen, die bei Bellini, Strauss oder Wagner schon einmal da waren. Um sich solchen Plagiatsvorwürfen leichter zu entziehen, wählen sie kürzere Kompositionsstrecken und schreiben 25-Minuten-Opern. Ich möchte heute jedenfalls nicht in der Haut eines Komponisten stecken, der die Verpflichtung fühlt, musikalische Gedanken zu Papier zu bringen. Ich glaube ihre Problematik zu verstehen.

Allerdings bin ich davon überzeugt, daß die meisten Komponisten heute etwas hinschreiben, ohne es vor ihrem inneren Ohr genau zu hören. Auch Arnold Schönberg hat wahrscheinlich das, was er an reiner Zwölftonmusik komponiert hat, nie vor seinem inneren Ohr gehört. Es entstand mechanisch, Stimme für Stimme in der Abfolge der Zwölftongesetze, der Zusammenklang ist sicher nicht an sein inneres Ohr gedrungen. Ein Richard Strauss dagegen wußte auch bei den extremsten Tonalitäten – etwa in der »Elektra« –, wie alles klingt, wie alles zusammenpaßt. Vermutlich gab er die Weiterentwicklung dieses Weges auf, weil er wußte, er würde mit musikalischen Extrem-Effekten das Publikum auf Dauer nicht fesseln können.

Ein Konzertstück von acht und selbst von zwanzig Minuten Länge ist für den Komponisten, aber auch vom Publikum her gesehen, leichter zu bewältigen als eine Oper.

Nur selten einmal ist bei den heutigen Partituren, die bei mir eingehen, wirklich eine Entdeckung zu machen. Von Mayuzumi, einem japanischen Komponisten, habe ich einmal ein etwa zehnminütiges Orchesterstück mit auf Tournee genommen. Japanische Instrumente, rhythmische Einflüsse aus der Kabuki-Untermalungsmusik und ein großer westlicher Orchesterapparat verbanden sich hier auf interessante Weise. Auch Tagemitsu versucht, die gegensätzlichen Kulturwelten musikalisch zu verschmelzen.

Vor etwa zwanzig Jahren habe ich die Uraufführung der Oper »Sim Tjong« des Koreaners Isang Yun gemacht, eine sehr eigenständige Musik. Bei Fortner, bei Henze, bei K.A. Hartmann – da trifft man auf Partituren, die bereits beim Lesen so sehr interessieren, daß man sich auf die praktische Arbeit mit dem Orchester freut und alles unternimmt, um zu erreichen, was man beim Lesen gehört hat.

VOR- UND NACHTEILE VON ZYKLEN

Geschlossene Zyklen sind eine Herausforderung. Sie zwingen einen vor allem auch dazu, sie innerhalb eines gewissen Zeitraums durchzuführen. Man legt sich fest, man stranguliert sich selber. Mit voller Wucht traf mich dieses Gesetz der Serie in der Saison 1982/83. Im Hinblick auf Richard Wagners 100. Todestag und 170. Geburtstag schien, wie bereits erwähnt, eine Komplettierung des Wagner-Repertoires unerläßlich.

Nun fiel der Todestag des Meisters in diesem Jahr 1983 ausgerechnet mit dem Faschingssonntag zusammen. Eine Oper wie »Parsifal« oder »Tristan« aufzuführen, verbot sich damit von selbst. So kam ich auf die Idee, für diesen Abend die heitere, im Karneval spielende Frühoper »Das Liebesverbot« als Premiere – in der Inszenierung von Jean-Pierre Ponnelle – anzusetzen. Ausgehend von dieser Premiere entschieden wir uns dann für einen kompletten Wagner-Zyklus und mußten deshalb im Laufe der Spielzeit auch »Die Feen« und »Rienzi« herausbringen. Den »Fliegenden Holländer«, den »Tannhäuser« und den »Lohengrin« hatten wir ohnehin auf dem Spielplan. Der ganze

»Ring« war da, die »Meistersinger« waren da, der »Parsifal« war da.

Der »Ring«, den ich mit Rennert neu erarbeitet hatte, sollte in der Spielzeit 1982/83 zum letztenmal gegeben werden, denn ich stehe auf dem Standpunkt, daß eine Interpretation dieses Mammutwerks, zumindest vom Szenischen her, alle acht bis zehn Jahre neu überdacht werden muß. Die Tetralogie ist so aktuell, daß man sie den jeweiligen Zeitumständen anpassen muß. Ein Stück wie »Lohengrin«, »Tannhäuser«, »Die Meistersinger« oder »Parsifal« ist zeitunabhängig, aber der »Ring« ist es nicht und muß immer wieder neu interpretiert werden.

1988, ein Jahr, das mit keinen Erinnerungsdaten für Richard Strauss verbunden war, wählten wir für die Opernfestspiele das Motto »Alle Bühnenwerke von Richard Strauss«. Und daran haben wir uns dann konsequent gehalten. Bereits die Festspiele 1987 hatten wir mit »Feuersnot« eröffnet, so daß wir dieses frühe Stück ins nächste Jahr herübernehmen konnten. Um nicht zu viele Premieren in die Festspiele 1988 hineinzupacken, mußten eine gewisse Entzerrung der Termine und eine komplizierte Disposition stattfinden. Was in der vorangegangenen Spielzeit erarbeitet wurde, brauchte dann nur noch aufgefrischt zu werden. Wir hatten die »Liebe der Danae« als Premiere im Großen Haus, »Capriccio« im Cuvilliés-Theater. »Die Ägyptische Helena« war bereits vorgezogen und so Bestandteil der laufenden Spielzeit. Daß es gelang, dieses Mammutprogramm von fünfzehn Strauss-Opern in dreieinhalb Wochen zu bewältigen, war eine bewundernswerte Leistung des Apparats und aller Mitarbeiter.

Weltweit war die Kritik euphorisch. Nur bei uns gab es zunächst einmal skeptische Stimmen: Macht denn das Sinn? Ist das denn notwendig?

Der Strauss-Enkel namens Richard erklärte dazu: »Mein Großvater hat immer gesagt: ›Mir ist eine permanente Darstellung meiner Werke lieber als eine auf einen kurzen Zeitraum konzentrierte. Ich möchte nicht innerhalb eines kurzen Zeitraums gespielt werden und dann über Jahre hinweg überhaupt nicht mehr.‹«

Nun trifft diese Bemerkung für München – gerade für München – ganz und gar nicht zu, denn dort ist Strauss mit »Rosenkavalier«, »Salome«, »Elektra«, »Arabella« und »Frau ohne Schatten« stets präsent gewesen. Wie auch Mozart und Wagner immer vertreten sind. Man kann also nicht sagen, das war jetzt eine Besonderheit, und dann kommt lange Jahre wieder nichts mehr. Aber es war eben eine Herausforderung und Verpflichtung für die Vaterstadt des Komponisten, einmal eine Gesamtübersicht zu riskieren. Ich weiß, daß sich an den Richard-Strauss-Festspielen die Meinungen schieden. Einer, der mit Strauss nichts anfangen kann, hat wahrscheinlich gestöhnt: Um Gottes willen, jetzt kommen die Münchner Opernfestspiele mit fünfzehn Werken ausgerechnet von dem Komponisten, der mich nicht interessiert...

Auf der anderen Seite aber hat die Ankündigung, daß in München in dreieinhalb Wochen alle Bühnenwerke von Strauss zu sehen und zu hören sein würden, viele Strauss-Freunde, aber auch Musikwissenschaftler aus Frankreich, aus Italien, aus Amerika und zu einem ganz großen Teil aus Japan veranlaßt, für diese Zeit nach München zu kommen, um sich ein Urteil zu bilden. Und das ist dann doch abgewichen von vielen überlieferten Vorstellungen, die da hießen: Ab einer gewissen Zeit, sagen wir ab 1930, habe sich Richard Strauss sozusagen selbst kopiert; Stücke wie »Daphne«, die »Liebe der Danae« oder »Capriccio« seien eben nur Alterswerke, in denen er sich wiederhole. Der Zyklus war ein Beleg dafür, daß diese vorgefaßte Meinung nicht stimmt.

Auch Leute, die über viele Jahrzehnte das Werk von Richard Strauss verfolgt haben und es gut kannten, änderten ihre Meinung. Die Handschrift bleibt zwar dieselbe, aber jedes Werk, ob das die »Daphne« ist oder die »Ägyptische Helena«, hat ein ganz spezielles musikalisches Ausdrucksvermögen, eine Feststellung, die man nur treffen kann, wenn man die Möglichkeit hat, neben der »Salome« eine »Schweigsame Frau« zu hören und neben der »Schweigsamen Frau« eine »Liebe der Danae« und nach der »Liebe der Danae« einen »Rosenkavalier«.

Diese Revision eines althergebrachten Urteils war auch für mich wichtig. Die zyklische Darstellung in einer Festspielzeit hat dem Werk von Richard Strauss in vielen Punkten einen positiveren Aspekt gegeben. Gerade von ausländischen Gästen und Kritikern ist das erkannt und in ihren Ländern vertreten worden.

Geht man von der Überzeugung aus, den »Ring« alle zehn Jahre neu überdenken zu müssen, schließt man von vornherein aus, ihn beispielsweise in vier aufeinanderfolgenden Jahren, ein Stück nach dem anderen, zu geben, weil so schon vier der zehn Jahre verloren sind. Mein Bestreben war also, 1987 den »Ring« wirklich als ein geschlossenes Ereignis darzustellen, das heißt, alle Anstrengungen zu unternehmen, innerhalb des Repertoire-Betriebs und ohne die übrigen Produktionsvorgänge zu stören oder zu vernachlässigen, die Tetralogie innerhalb einer Woche komplett aufzuführen. Das bedeutet einen unglaublichen Vorlauf in der Disposition: zum Beispiel für den Bühnenbildner und die Werkstätten; denn es sind praktisch vier Premieren zu bewältigen, und zwar richtige Monsterwerke – Werke von fünf Stunden Dauer und mehr. Ich bin heute noch stolz auf die Werkstätten unseres Hauses, auf meine Mitarbeiter, die angesichts der Anforderungen des Bühnenbildners Erich Wonder Unglaubliches geleistet haben.

Dazu kamen finanzielle Schwierigkeiten. Es war, als hätte uns der Fluch des Alberich mit aller Härte getroffen. »Der Ring des Nibelungen« gewann ein kaum mehr zu bewältigendes Übergewicht gegenüber den anderen Produktionen. Dabei mußten in derselben Spielzeit weitere vier Premieren herauskommen, unter anderem »Daphne« und »Turandot«, es mußte das laufende Repertoire gepflegt werden, und es durfte nicht der Eindruck entstehen, wegen des »Ring« stagniere alles andere. Wir mußten so handeln, als wäre der »Ring« eine einzige Premiere. Und in der Tat ist er dann auch innerhalb einer Woche über die Bühne gegangen – sogar zweifach, denn aufgrund der großen Nachfrage haben wir zwei komplette »Ringe« parallel gegeben. Wir haben das zweite »Rheingold« schon gespielt, ehe »Die Götterdämmerung« des ersten Zyklus auf die Bühne kam. Es war eine ungeheure Belastung, eine Sisyphusarbeit, was die Disposition mit den Sängern betraf, aber all das haben wir geschafft.

Die neue Darstellung hat nicht allgemein sofort ein positives Echo gefunden. Auch in Bayreuth – und darüber ist schon oft diskutiert und geschrieben worden, stieß der Chéreau-»Ring« zunächst einmal auf heftige Ablehnung. Als er dann in den nächsten Jahren bei gleichbleibender Grundkonzeption überholt und verbessert wurde, wurde er zum »Ring des Jahrhunderts« hochstilisiert. Das war bei uns ähnlich. Ich bin Nikolaus Lehnhoff, dem Regisseur, sehr dankbar, daß er dieses Mammutunternehmen in den Griff bekam und auch in den Folgespielzeiten immer wieder überwacht hat. Auch wir haben Änderungen vorgenommen. Und im nachhinein kann ich nur sagen: Die Arbeit hat sich gelohnt. Wir haben für dieses Jahrzehnt etwas auf die Beine gestellt, was sicherlich noch Gültigkeit haben wird, bis vielleicht im Jahr 2000 mit den Erfahrungen des ausgehenden Jahrhunderts beziehungsweise des ausgehenden Jahrtausends eine neue Konzeption gefunden werden kann, die den Umständen der Zeit gerecht wird und mit der Vergangenheit brechen muß. Vielleicht wird man dann auch von der musikalischen Seite her hier und da wieder neue Aspekte einbringen können.

OPER HEUTE

Die Einschränkungen, die uns heute bei der Neuproduktion von Premieren auferlegt werden, sind enorm und mit denen vor zwanzig, dreißig, vierzig Jahren nicht zu vergleichen. Es gibt nun einmal eine ungeheure Kostensteigerung – beispielsweise des Materials für ein Bühnenbild. Es schlägt die Verkürzung der Arbeitszeit zu Buche, was dazu führt, daß die Werkstätten bei gleichbleibendem oder sogar auf höhere Weisung abgebautem Personal die gleiche Arbeit zu leisten haben. Dazu kommt, daß auch das Gagengefüge in den letzten Jahren aus dem Ruder gelaufen ist. Die Gesamtkosten haben sich stark erhöht.

Daß sich Werke der letzten zehn, zwanzig Jahre beim Publikum kaum durchsetzen konnten, schafft für die Oper auch nicht gerade ideale Voraussetzungen. Selbst ein »Wozzeck«, der für mich eine der genialsten und aufregendsten Opern ist, löst bei der Wiederaufnahme heute noch große Widerstände aus und produziert viele leere Reihen, weil sich das Publikum nicht daran gewöhnen kann, dieses Stück in das Repertoire ebenso einzubeziehen wie einen »Rigoletto« oder einen »Rosenkavalier«.

Bisher ist es nicht wirklich gelungen, eine Synthese von Wort und Ton unserer Zeit zustande zu bringen. Die meisten Komponisten wählen heutzutage Sujets aus der Klassik. Daran sieht man schon die Diskrepanz, die ich meine: Wo bleibt da die Gleichzeitigkeit von Wort und Musik, die als Ausdruck unserer Epoche in die Opernzukunft weist? Das ist eine Gefahr, denn ich habe das Gefühl, daß das Publikum nicht bereit ist, diese Art von moderner Musik in der Opernszene anzunehmen. So entsteht der Begriff des »Musealen«. Ich habe nichts dagegen, nur steht damit der Oper möglicherweise ein geschichtlicher Abschluß bevor.

Ein Haus wie München muß ein Ensemble haben. Aber wie kann man es in entsprechend vielen Produktionen einsetzen? Wie soll man heute dem jungen Sänger, der in das Ensemble aufgenommen wurde, sagen: »Heute singen Sie das noch nicht, aber im nächsten oder im übernächsten Jahr werden wir die und die Stücke bringen, und Sie werden die Chance haben, sich in diesem Ensemble entwickeln zu können.« Diese Chance ist heute nicht mehr gegeben, weil auch ein bedeutendes Haus nur noch fünf Produktionen im Jahr hat und weil bei diesen wenigen Produktionen viel sorgfältiger ausgewählt werden muß, um sie mit entsprechend gewichtigen Sängern zu besetzen.

Man kann, wenn man ein Haus führen will, das internationalen Ansprüchen genügen soll, nicht mehr umhin, sich mit Stars zu umgeben, mit Künstlern, die weltweit als solche anerkannt sind – die in München, an der Scala, in Wien, in London, an der Met, eben an großen Opernhäusern, singen. Ich finde das absolut richtig. Der Gastsänger steht jedoch dem Versuch entgegen, ein junges Ensemble aufzubauen und für die nächsten Jahre mit Aufgaben zu versehen. Darüber hinaus soll freilich auch das Repertoire gepflegt werden... Das ist die Quadratur des Kreises: Man soll immer weniger produzieren, will aber ein breites Repertoire haben. Man will ein Ensemble aufbauen, um es in dieses Repertoire einzufügen; das Repertoire gibt es aber nicht mehr aufgrund der wenigen Produktionen. Ein Teufelskreis, aus dem herauszukommen nicht möglich ist. Auf der anderen Seite gibt der Star den einheimischen Künstlern einen gewissen Auftrieb, sich diesem Ideal zu nähern, und das Publikum bekommt Anschluß an das internationale Operngeschehen. Solange sich das Star-Theater in Grenzen hält, ist das ja alles gut und schön. Doch sollte eine Oper wie München nur bedingt daran teilnehmen.

Fest steht: Die Disposition wird durch dieses Star-Unwesen für alle Opernhäuser ungeheuer beeinträchtigt und eingeschränkt. Einen Star zu engagieren ist letztlich eine Frage der Termine, der Honorare und der Flugverbindungen. Anders ist heute ein Star-Theater nicht zu führen. Und dann hat man noch mit der Unberechenbarkeit der Absagen zu kämpfen. Es ist sensationell, mit welcher Leichtfertigkeit von diesen sogenannten Stars heute Verträge gebrochen werden, die unterschrieben sind und in denen sie sich verpflichtet haben, zu einer bestimmten Zeit auch für eine Probe da zu sein. Im letzten Moment, einen halben Tag, eine Stunde vorher, erfährt man, daß der Betreffende noch irgendwo zu singen hat, die Probe hinschmeißt und erst zur Vorstellung selbst kommt und bestenfalls für eine kurze Einweisung Zeit bleibt.

»DIE MODERNE« IST EIN DEHNBARER BEGRIFF

VON DER LUST ZUM EXPERIMENT

Eine Welt ohne Musik kann ich mir nicht vorstellen. Mein Leben ist die Musik – was nicht ausschließt, daß es Momente gibt, in denen ich Musik als unerträglich empfinde, in denen ich sie verwünsche: Schnulzensänger in Restaurants gehören in dieses Kapitel ebenso wie die Berieselung mit Klassik im Lift, im Flugzeug oder beim Essen. Eine neue Form des Musikkonsums entartet zum Terror. Aus zumeist auch noch falsch eingestellten Lautsprechern und Kopfhörern quäkt es von Bach bis Górecki, zur Unkenntlichkeit verzerrt, auf Spazierwegen, in Geschäften und unentrinnbar im Glitzerzug ICE. Allenthalben überfallen einen mittels modernster Audiotechnik dröhnende, krächzende Klangfetzen – als gäbe es keine Gesetze gegen Lärmbelästigung … Für mich als ausübenden Musiker ist es da schwer, einfach die Ohren zu verschließen und nicht auf finstere Gedanken zu kommen.

Doch diesen Bezug zur »Moderne« meine ich hier nicht. Ich warte immer noch darauf, eines Tages einem Komponisten zu begegnen, der nicht nur Auftragsarbeiten ausführt, sondern in sich wirklich das Bedürfnis verspürt, aus eigenem Antrieb Modernes zu schaffen, ohne alles bisher Dagewesene über Bord zu werfen. Aber auf einen aktiven Komponisten, der nach neuen Wegen sucht, in denen Form und Zeit noch eine Rolle spielen, bin ich noch nicht gestoßen. Ich wünsche mir aufrichtig, ihn zu treffen und feststellen zu können, seine Gedanken, sein Opus als Ausdruck der heutigen Zeit, kann ich mir zu eigen machen – wie ich mir die Musik eines Richard Strauss so zu eigen machen konnte, daß ich sie mit besonderer Freude dirigiere. Ich gebe die Hoffnung nicht auf, daß sich dieses Ereignis noch einstellen wird.

Ich erinnere mich an die Zeit, in der Rolf Liebermann Chef der Hamburger Oper war, und an diverse Gespräche mit ihm, denn ich war damals Leiter des Philharmonischen Staatsorchesters. Liebermann hatte das Prinzip: Jedes Jahr muß eine Uraufführung bei mir stattfinden, möglichst sogar zwei. Dies war ein Grundsatz, den er dann, als er zum zweitenmal als Intendant an die Hamburger Oper zurückkehrte, nicht mehr aufrechterhalten konnte.

Auch für die Salzburger Festspiele hat Herbert von Karajan erklärt, jedes Jahr findet dort eine Uraufführung statt. Und trotzdem hat er diese Idee nicht konsequent weiterführen können, weil es einfach nicht genug gibt, was dem Rahmen einer Eröffnungs- oder sonstigen Premiere der Salzburger Festspiele entsprechen würde.

Jeder Theaterleiter ist bestrebt, für den Fortbestand der Oper etwas zu tun. Und so geht jeder gerne das Risiko ein, irgend etwas zu spielen, ob es sich dann hält oder nicht ... Aber man soll die Feste feiern, wie sie fallen. Und so sage ich: Man soll Premieren spielen, wenn das möglich ist. Und wenn es sich ergibt, daß es eine Uraufführung ist, um so besser!

Wir haben in München die zeitgenössische Moderne nicht vernachlässigt. In einem Jahr hatten wir sogar drei Uraufführungen in einer Spielzeit und dazu noch zwei Ballett-Uraufführungen. Wir hatten in den Opernfestspielen 1992 die Uraufführung der Neufassung von Hans Werner Henzes »Prinz von Homburg« im Cuvilliés-Theater. Die Münchner Oper war in meiner Zeit als Uraufführungsstätte durchaus an einer der ersten Stellen.

Wir haben einmal eine Dreiwochenperiode italienische Opern eingelegt. Wir haben auch einmal drei Wochen eingebaut, die der zeitgenössischen Oper galten. Ein Blick auf die Abrechnungen, der Vergleich zwischen beiden Schwerpunkten, spricht Bände.

Zum Beispiel »Wozzeck« von Alban Berg: Wir hatten dieses Stück in einer phantastischen, für mich zwingenden Inszenierung von Dieter Dorn aus dem Jahre 1982 angesetzt, es war die erste Premiere in meiner Tätigkeit als Operndirektor. Ursprünglich hatte Carlos Kleiber zugesagt, diese Premiere zu dirigieren, was mich aufrichtig gefreut hat. Kleibers Absage kam dann sehr kurzfristig. Er konnte sich mit der Regie nicht einverstanden erklären. Ein Grund, den ich generell akzeptiere und respektiere, wenngleich ich ihn in diesem Fall nicht verstand, denn Dieter Dorns Inszenierung war überzeugend.

Wir haben dieses Stück in Abständen von drei bis vier Jahren immer wieder in den Spielplan eingebaut. Eine Wiederaufnahme mit nur einer Vorstellung macht keinen Sinn. Man muß einen Wozzeck engagieren, eine Marie, den Tambourmajor; das sind alles Partien, die man nicht im Ensemble hat. Man braucht für diese Engagements eine zwei-, dreijährige Vorlaufzeit, und die Mühe lohnt nur, wenn das Stück dann an vier oder sechs Abenden gespielt wird. Und wir hatten bei diesen Wiederaufnahmen immer wieder hervorragende Besetzungen.

Das Werk ist ausgesprochen schwierig. Man braucht deshalb zusätzliche Proben mit dem Orchester, auch Bühnen- und technische Proben. All das erfordert einen ungeheuren Aufwand; in der gleichen Zeit schafft man eine halbe Neuproduktion, und dabei handelt es sich »nur« um eine Wiederaufnahme. Eigentlich müßte, damit dieser Aufwand gerechtfertigt ist, das Stück zwölf- bis fünfzehnmal in einer Spielzeit gegeben werden.

Das Resultat: Von den sechs Aufführungen gehen vielleicht drei in den freien Verkauf, die restlichen drei ins Abonnement. Und was passiert? Eine ganze Liste mit Tauschwünschen trifft bei uns ein, die freien Plätze werden nicht verkauft, und wir hängen mit Hunderten von Restkarten bereits bei der vierten Aufführung. Nur wenige interessieren sich dafür, und dabei ist es ein hinreißendes Stück, es ist eine hinreißende Aufführung, eine hochkarätige Besetzung.

Da war ich manchmal versucht zu schreien: »Himmelherrgottdonnerwetter, geht doch wenigstens einmal hinein und schaut es euch an!« Die Leute kommen nicht, sie wollen einfach nicht.

Alle notwendigen Schritte, der zeitgenössischen Musik Gehör zu verschaffen, ihr einen entsprechenden Platz einzuräumen, sind in München in den Zeiten vor mir und in meiner Zeit immer und immer wieder gemacht worden. Es sind Auftragswerke vergeben worden, es sind Uraufführungen im Großen und im Kleinen Haus vonstatten gegangen, mit bester Besetzung, unter den besten Voraussetzungen, mit dem Anspruch auf höchste Qualität. Es wäre absolut abwegig zu behaupten, die Münchner Oper sei in konservativem Gehabe erstarrt. Aber was ich über die Reaktion des Publikums festgestellt habe, ist einfach belegbar. Als Musiker und Theaternarr, der ich bin, denke ich in meinem Innersten über die Entwicklung und den Fortbestand der zeitgenössischen Oper pessimistischer als manch anderer. Nicht nur aus meiner Erfahrung, sondern auch aus der Kenntnis der Partituren, die neu geschaffen werden.

Es gibt sicherlich Ausnahmen. Und wenn ich mich einer Partitur annehme, dann setze ich mich ganz dafür ein, auch wenn es manchmal beim Studium nicht einfach ist und einem der Knopf erst bei den Orchesterproben aufgeht, weil dort leichter nachvollziehbar ist, wie etwas konstruiert ist. Ich habe auch auf dem Konzertsektor einiges an Uraufführungen gemacht. Manchmal staune ich selbst, wenn ich mir meine Repertoireliste anschaue, und da steht dann die Uraufführung von Stücken, von denen ich heute keine Ahnung mehr habe, wo ich einen Eid darauf leisten könnte, daß ich sie nie dirigiert habe.

In Hamburg habe ich einmal die Uraufführung eines Hamburger Komponisten dirigiert. Damals habe ich mich nachdrücklich für zeitgenössische Musik eingesetzt, und dieses Werk war sehr interessant. Ich habe für das Stück eine Probe mehr angesetzt, weil ich weiß, daß nicht nur ich selbst, sondern auch jeder Musiker mehr Zeit braucht, um die Zusammenhänge zu erfassen und zu verstehen, wie seine Stimme in das Gesamte eingebettet ist. Es braucht auch mehr Erklärungen, man muß Verständnis dafür wecken. Ich erinnere mich noch genau: Während der ersten Probe herrschte ein komplettes Durcheinander, jeder bemühte sich, die ihm vorliegende Stimme zu spielen, aber der Zusammenhang teilte sich nicht mit. Ich hatte das Werk wirklich gut studiert und konnte innerhalb von zwei, drei Proben das Orchester dafür gewinnen, es zum Mitmachen motivieren. Plötzlich wurden Zusammenhänge hörbar und verständlich. Bei der Generalprobe schließlich freuten sich die meisten Musiker über die Arbeit und auf die Aufführung, weil sie das Stück verstanden hatten. Dann erfolgte am Sonntagvormittag die Uraufführung. Das Orchester gab sich unglaubliche Mühe. Wir haben all das, was wir in der Woche vorher erarbeitet hatten, mit aller Begeisterung der Öffentlichkeit vorgestellt, und es endete in einem Buhkonzert. Man erwartet ja nicht gerade Jubelstürme wie nach einer 9. Beethoven, aber diese vehemente Ablehnung hat uns doch allen weh getan.

Ich habe mich damals spontan umgedreht und dem Publikum gesagt, daß ich sein Verhalten ungerecht fände. Ich habe erklärt, daß ich es für unmöglich hielte, sich nach einmaligem Hören einer neuen Komposition so lautstark gegen sie auszusprechen. Es gab einen Riesenbeifall derer, die auch meiner Meinung waren, daß man einem neuen Stück wenigstens eine Chance geben müsse. Ich habe gesagt, ich wäre überzeugt davon, daß man, wenn man es zwei-, dreimal hörte, gewisse Fortschritte im Hören machen könne, wir hätten uns das auch erarbeiten müssen...

Und die Pressereaktion? Da hieß es, ich hätte Nazimethoden angewandt und dem Publikum einen Maulkorb verpaßt usw. In Briefen teilte man mir mit, man verbitte es sich, zurechtgewiesen zu werden, wenn das Publikum seine freie Meinungsäußerung in Form eines negativen Urteils kundtue.

Ich habe manche Werke, die ich uraufgeführt habe, aus Überzeugung dann auch in andere Städte gebracht und mich bei Programmzusammenstellungen dafür eingesetzt. Diese Mission gibt man aber nach einer gewissen Zeit auf, denn irgendwann sagt man sich: Für wen das alles? Es ist nicht so, daß ich nichts tun will für die zeitgenössische Musik, aber ich bin keiner ihrer blinden Verfechter.

Eine Frage bleibt nach wie vor: Wo sind beispielsweise die Grenzen der Ausführbarkeit für die menschliche Stimme? Manchmal werden horrende Anforderungen von zeitgenössischen Komponisten an die Stimme gestellt. Das geht weit über das hinaus, was ein Arnold Schönberg und ein Alban Berg komponiert haben; besonders letzterer bleibt wenigstens noch im Bereich des Möglichen und Erlernbaren. Auch bei Richard Strauss oder bei Wagner-Kompositionen hat man ja zunächst gesagt, da seien Intervalle drin, die schwer zu treffen seien, und anderes mehr. Aber die Vorstellungen heutiger Komponisten sind oft nicht mehr zu bewältigen.

Man nehme als Probe aufs Exempel einmal die Schallplattenaufnahme des »Lear« von Aribert Reimann – sie ist damals bei der Münchner Uraufführrung mitgeschnitten worden – und den Klavierauszug mit dazu, und dann achte man genau darauf, was da gesungen wurde. Oder bei »Moses und Aron«, einer ausgesprochenen Zwölftonmusik: Man sollte sich die Mühe machen, eine Aufnahme im Klavierauszug nachzulesen und zu vergleichen. Und man sollte mit dem »Grand prix du disque« prämiierte Schallplatten zeitgenössischer Musik hören und mit dem kontrollieren, was der Komponist geschrieben hat; man könnte dann sogar den Prozentsatz der Noten ausrechnen, die richtig wiedergegeben sind …

Inwieweit kann die Stimme beim Ausführenden und das Ohr beim Aufnehmenden trainiert, erzogen, perfektioniert werden? Ich meine, daß dem menschlichen Aufnahmeorganismus gewisse Grenzen gesetzt sind und daß das Wort Harmonie und das automatisch damit verbundene Wort Disharmonie zwei Begriffe sind, die sehr wohl verstanden und auseinandergehalten werden. Auch eine »Elektra« hat die Zuhörer zunächst verstört, ist dann aber mehr oder weniger akzeptiert worden, weil sich Spannung und Auflösung, Disharmonie und Harmonie die Waage halten. Das ist heute kaum mehr der Fall. Disharmonien und Effekte, Geräusche, die durch alle möglichen Schlaginstrumente und die Behandlungen von Blas- und Streichinstrumenten erzeugt werden, sind in der zeitgenössischen Musik gang und gäbe. Wenn ich diese Effekte zum erstenmal höre, begeistern sie mich, oder sie stoßen mich ab, aber – und das ist das schlimmste – nach spätestens zehn Minuten haben sie sich so abgenutzt, daß sie mich langweilen. Sie berühren mich überhaupt nicht mehr. Das ist vielleicht ein Zeichen unserer Zeit.

Ich erinnere mich an meine Schulzeit: Wenn es hieß, heute fliegt der Zeppelin über die Stadt, dann fiel der Latein- oder der Rechenunterricht aus. Der Schulleiter kam, wir stellten uns ans Fenster oder gingen ins Freie und warteten. Irgendwann hörte man dann ein Brummen, das den Zeppelin ankündigte – eine Sensation! Anschließend mußte schulfrei gegeben werden, da konnte keiner mehr lernen. Es war ein so unglaublicher Eindruck. Heute düsen alle paar Minuten Flugzeuge über die Städte, und keiner interessiert sich mehr dafür – ein Abnutzungseffekt.

Ich mag Experimente mit der Musik dann nicht, wenn ich erkenne, daß ihnen eine ernsthafte Basis fehlt und das Experiment nur um des Experiments willen stattfindet. Ich habe in München bei meiner Beschäftigung mit der sogenannten Experimentier-Bühne immer wieder erleben müssen, daß sich aus dem, was da szenisch und musikalisch über die Bretter ging, kaum eine Weiterentwicklung für die Bühne ergab.

Der Vergleich mit dem technischen Sektor drängt sich auf: Es müssen Gelder in Entwicklungen und Experimente gesteckt werden, um die sich daraus ergebenden Innovationen reif für die Produktion zu machen. Auf dem Gebiet der Oper und des Konzerts scheint mir genau dieser Vorgang, die Wechselwirkung zwischen Kreativität und Praktikabilität, bis jetzt noch nicht geglückt zu sein.

Vielleicht werden andere Kulturen – etwa die asiatische – mit der europäischen eine Verbindung eingehen, die für beide mit zukunftsweisenden Entdeckungen verbunden ist. Vielleicht kommt die Weltkultur der Musik auf diese Art einen Schritt voran. Anzeichen dafür gibt es. Ich kenne einige japanische Kompositionen, bei denen ich Ansätze zur Weiterentwicklung sehe.

Was das amerikanische Musikgut angeht, mit dem ich jetzt in Philadelphia zunehmend konfrontiert sein werde, bin ich noch zu wenig in die Musikliteratur der Vergangenheit und Gegenwart eingedrungen, um darüber urteilen zu können. Das wird noch einige Zeit in Anspruch nehmen.

Heutige Komponisten müßten, wenn sie pragmatischer als bisher im Konzertalltag eine Rolle spielen wollen, von der Konzertrealität ausgehen. Wenn sie schon nicht Freude oder Beglückung verbreiten wollen, dann müßten sie mit ihren Werken zumindest Interesse und Neugier auslösen. Der Zuhörer muß vielleicht nicht auf Anhieb alles verstehen und nachvollziehen können, aber er muß Lust haben, sich weiter mit einem Stück zu beschäftigen und es erneut zu hören. Das Publikum müßte so angesprochen werden, daß es sich nicht die Ohren zustopft oder den Konzertsaal verläßt. Die Skandale finden doch heute ohne Publikum statt. Es wird immer sinnloser, provozieren oder schockieren zu wollen, denn das Publikum hat längst gelernt, sich stillschweigend der krampfhaften Brüskierung zu entziehen.

Ein anderer Aspekt: Es werden Stücke geschrieben, in denen vier oder fünf Instrumente vorkommen, über die kein normaler Orchesterapparat verfügt, oder es werden Stücke für eine Kleinstbesetzung geschrieben, bei denen man zwei Drittel des Orchesters nach Hause schicken muß. Natürlich muß die Entwicklung mit neuen Instrumenten und neuen Konstellationen auf dem Konzertpodium weitergehen, aber die Frage bleibt, wie pragmatisch ein heutiger Komponist seine Chancen, in größeren Konzertsälen gespielt zu werden, wirklich sucht. Der leichteste Weg ist sicher, sich auf das kleine, sektierererische Feld der Musik-Moderne zurückzuziehen. Der Anschluß an das allgemeine Musikgeschehen geht so jedoch verloren.

WUT ÜBER – DIE VERLORENE ZEIT

Ich hatte des öfteren Gespräche mit Komponisten und mit Verlagen über ein Thema, das nicht nur mich betrifft: Als Dirigent bekommt man eine Partitur meistens als Mini-Verkleinerung der Originalhandschrift angeboten. Zeitgenössische Komponisten aber schreiben im allgemeinen so miserabel, daß selbst Beethovens berüchtigte Klaue im Vergleich dazu leicht zu lesen ist. Wenn man aber bei jeder Note und bei jedem Zeichen zuerst einmal fünf Minuten überlegen muß, was das sein soll, dann erlischt das Interesse sehr schnell. Ich kann und will meine Zeit nicht darauf verwenden, Noten zu entziffern oder gar nachzuziehen.

Ein Teil des Desinteresses der Interpreten an neuer Musik ist sicher darauf zurückzuführen. Die Musik kann noch so kompliziert sein, wenn man als Interpret ein lesbares, verständliches Notenbild bekommt, wird man eher den Zugang finden.

Noch schlimmer ist es, wenn diese Unleserlichkeit dann auch in die Orchesterstimmen Einzug hält und die Musiker verzweifelt fragen, ob dieser Klecks da ein »g« oder ein »a« sein soll. Da fehlen Pausen, da fehlt eine Notenlinie ... Wer hat heute noch Zeit und Lust, sich bei den simpelsten Voraussetzungen aufzuhalten und mit der Identifizierung der Noten zu beginnen?

Hindemith hat klar geschrieben – so klar, daß seine Handschriften oft besser zu lesen sind als die Drucke. Auch Richard Strauss' Handschriften sind, wenn man sich einmal eingelesen hat, klar und unmißverständlich.

Warum mutet uns »die Moderne« ein solches Chaos zu?

ZWÖLFTONMUSIK ALS KAMMEROPER: HENZES »PRINZ VON HOMBURG«

Ich mache einen deutlichen Unterschied zwischen moderner und zeitgenössischer Oper, obwohl beides gern in einen Topf geworfen wird. Die zeitgenössische Oper hat mit ganz, ganz wenigen Ausnahmen – das ist meine aus der Erfahrung gewonnene Überzeugung – im Augenblick keine Überlebenschance. Es gibt nichts, von dem ich sagen könnte, daß es das bisherige Repertoire in eine neue Richtung gebracht, mit einem neuen Atem versehen hätte.

Eine sehr interessante Erfahrung haben wir jedoch mit Hans Werner Henzes »Prinz von Homburg« gemacht. Der Komponist hatte sich bereit erklärt, die vor mehreren Jahrzehnten entstandene Oper so umzuarbeiten, daß wir sie im Cuvilliés-Theater aufführen konnten. Die Münchner Fassung von 1992 ist für ein Kammerorchester eingerichtet: Der bombastische Klang des Zwölftonstücks ist aufgelockert, leichter geworden; verschiedene Instrumente wurden ganz eliminiert. Es entstand ein durchsichtigerer Klang, der gerade für die Traumwelt, in der der Prinz von Homburg lebt – und dieser Traumwelt hat Henze wesentlich mehr Gewicht gegeben als das Kleistsche Vorbild –, stark zur Wirkung kommt. Trotzdem ist das Ganze außerordentlich schwer zu spielen und fordert vom Orchester sowohl rhythmisch als auch harmonisch eine besondere Aufmerksamkeit. Henze bewegt sich hier auf der Mitte zwischen modernen und zeitgenössischen Komponenten.

Es ist sehr wichtig, welcher Stoff zur Vertonung gewählt wird. Neunzig Prozent aller modernen und zeitgenössischen Opern beschäftigen sich mit Stoffen, die dem griechischen Altertum oder Textvorlagen großer, literarisch allgemein anerkannter Werke – wie eben »Woyzeck«, »King Lear« oder »Der Prinz von Homburg« – entnommen sind. Selbst Carl Orff hat als Krönung seines Lebenswerks die drei griechischen Sagenfiguren Antigone, Ödipus und Prometheus zu Vorbildern genommen, mit Texten von Hölderlin und Sophokles. Themen unserer Tage, auch wenn sie nicht gerade erfreulich sind, und heutige Musik auf einen Nenner zu bringen – das würde vielleicht zur Belebung der Oper beitragen.

Ich weiß manchmal nicht, ob sich zeitgenössische Komponisten für diese klassischen Textvorlagen entscheiden, um sich abzusichern und sich zu sagen: »Die Texte von Herrn Lessing, Kleist, Schiller, Goethe oder Shakespeare kann man nicht so leicht umbringen.« Oder ob der betreffende Komponist wirklich diese Textvorlage als so wichtig empfunden hat, daß er seine Musik als Begleitmusik versteht, die den Text, das Geschehen auf der Bühne, das dramatische Werk eines großen Dichters in den Vordergrund spielen soll.

Eine Identifikation mit dem »Prinz von Homburg«

fällt mir sehr schwer, das gebe ich ehrlich zu. Auch mit dem Kleistschen Textvorwurf tue ich mich nicht so leicht wie beispielsweise mit einem »King Lear« nach Shakespeare oder einem »Sommernachtstraum«. Ich weiß nicht, ob das Kleistsche Drama die Kraft, auch die musikalische (!) Kraft, hat, wie beispielsweise Büchners »Woyzeck«, den ich trotz aller grausamen Dramatik musikalischer im Ablauf empfinde als den »Prinz von Homburg«. Die Sprache des »Woyzeck« scheint mir melodiöser, musikalischer zu sein als der Kleist-Vorwurf, von der Gefühlswelt ganz abgesehen.

Nun erhebt sich natürlich die Frage, inwieweit man sich als Dirigent mit einem Stoff identifizieren muß, um einem Werk ein guter Anwalt zu sein – ihm als Musiker zu dienen. Ich meine, man muß überzeugt sein, daß wir in dem Moment, in dem wir uns damit beschäftigen, das Optimale aus der Musik herausholen – in Verbindung mit dem Text. Eine Notwendigkeit der Identifikation besteht dabei für mich nicht. Das schließt nicht aus, daß ich gerade Hans Werner Henzes Oper mit großer Spannung und mit viel Freude dirigiert habe.

Zeitgenössische Werke sind sehr, sehr schwer zu erarbeiten, gerade ein stark auf Zwölftonbasis aufgebautes Werk. Am Klavier sind sie kaum darzustellen. Den Sängern fehlt dabei die Klangfülle. Das ist eine Beobachtung, die wir bei zeitgenössischer Musik immer wieder machen: Für die Künstler, ja für alle Beteiligten, wird es erst in dem Moment leichter, in dem das Orchester dazukommt, weil sich klanglich dann eine viel größere Differenzierung gegenüber dem Klavier ergibt.

Genau umgekehrt ist es interessanterweise bei »klassischen« Werken. Spielt man Puccini auf dem Klavier, kann man alles wunderbar nachvollziehen – wenn man versteht, Klavier zu spielen. Und manchmal passiert es dann, daß das Orchester hinter dem so erreichten Eindruck zurückbleibt.

»DIE FRAU OHNE SCHATTEN« ALS KABUKI-STÜCK

Am Ende des Richard-Strauss-Zyklus anläßlich der Festspiele 1988 beschlossen wir, »Die Frau ohne Schatten« in der Inszenierung von Oscar Fritz Schuh nicht weiterzuführen. Sie war seit 1972 auf dem Spielplan und hatte bereits drei Wiederaufnahmen mit neuer Besetzung erfahren. Jetzt sollte etwas Neues folgen.

Wir wußten, daß das Haus aus technischen Gründen für neun Monate geschlossen werden mußte. Also wollten wir aus der Not eine Tugend machen und diese Zäsur zu Neuproduktionen nutzen. Im Gegensatz zu »Daphne«, »Die Schweigsame Frau« und »Liebe der Danae«, mit denen wir noch das Gastspiel 1988 an der Mailänder Scala bestritten hatten, um sie dann ebenfalls aus dem Verkehr zu ziehen, sollte »Die Frau ohne Schatten« nicht für längere Zeit fehlen. Diese Oper ist neben dem »Rosenkavalier«, in der Inszenierung von Otto Schenk, und »Elektra«, in der Inszenierung von Günther Rennert, zwei quasi-dokumentarischen Aufführungen, ein Eckpfeiler der Münchner Strauss-Pflege.

»Die Frau ohne Schatten« ist nicht nur die menschlichste der Strauss-Opern, sondern – für mich zumindest – die bedeutendste. Jedenfalls waren wir uns an der Bayerischen Staatsoper im klaren, daß uns für dieses Stück etwas Besonderes einfallen mußte. Etwa vier Jahre nach der letzten Aufführung der Schuh-Inszenierung wollten wir eine moderne Fassung auf die Bühne bringen.

Da Hofmannsthal und Strauss ihr Stück auf einer fernöstlichen Insel angesiedelt und damit bewußt für Einflüsse außereuropäischer Kulturen geöffnet haben, kam ich auf den Gedanken, hier einmal einen anderen Inszenierungsweg zu gehen und einen japanischen Regisseur damit zu betrauen. Im Laufe meiner über zwanzigjährigen Japan-Erfahrung war ich zum Bewunderer des Kabuki-Theaters geworden. Warum sollten wir also nicht den Versuch machen, die Kabuki-Tradition mit unserer Operntradition zu kombinieren?

Nun erging unmittelbar nach unserem Japan-Gastspiel 1988 – unter anderem mit der dortigen Erstaufführung der »Arabella« – erneut eine Einladung an die Bayerische Staatsoper, in Japan zu gastieren. Wir faßten den Termin Herbst 1992 ins Auge. Im Hinblick darauf erschien eine fernöstliche »Frau ohne Schatten« äußerst reizvoll.

Das Kabuki geht auf eine Kunstform zu Beginn des 17. Jahrhunderts zurück und hatte zur Aufgabe, die Seelen der Verstorbenen durch Tanz zu erheitern. Später fing man an, im Kabuki tatsächliche Begebenheiten darzustellen. Es bildete sich eine Ausdrucksform heraus, die in erster Linie durch Gesichts- und Körpersprache den Charakter eines Menschen, seinen

Mut, auch seine Aggressionen zum Inhalt hatte. Bis zum heutigen Tag werden im Kabuki alle Rollen, auch die weiblichen, von Männern dargestellt. Am Hauptdarsteller werden körperliche Konzentration und mimischer Ausdruck bewundert.

1989 traf ich mich aufgrund einer Empfehlung mit dem berühmtesten Kabuki-Regisseur und -Schauspieler, Ennosuke Ichikawa, einem sehr gebildeten, feinen Menschen. Ich fragte ihn, ob er sich vorstellen könnte, an einem Haus wie der Münchner Staatsoper Regie zu führen. Er griff den Vorschlag mit Begeisterung auf und studierte sofort Textbuch, Klavierauszug, diverse Plattenaufnahmen und den Strauss/Hofmannsthal-Briefwechsel zur »Frau ohne Schatten«, wobei er sich alle Texte in seine Sprache übersetzen ließ. Nach der vereinbarten Bedenkzeit sagte er mir zu. Wir hatten eine Reihe von Gesprächen in Japan und in Deutschland, er legte die ersten Bühnenbildentwürfe vor, und wir beschlossen, die ganze Inszenierung – Regie, Bühnenbild, Kostüm – endgültig in japanische Hände zu legen. Wir setzten die Premiere für den 24. Oktober 1992 an – im November wollten wir dann mit der Oper in Japan gastieren.

Erst später erfuhr ich, daß im November 1992 in Nagoya das erste Opernhaus Japans eröffnet werden sollte, das erste nach westlichem Vorbild gebaute Theater. Bislang spielte man in Japan Oper nur in behelfsmäßig umfunktionierten Konzertsälen wie der NHK-Halle oder auf Show-Bühnen. Nagoya ergriff diese Initiative auch aus dem Bemühen heraus, nicht länger im Schatten von Tokyo zu stehen – fest entschlossen, den Eröffnungstermin auf den Tag genau zu halten. Wir wurden eingeladen, dieses neue Haus einzuweihen, was für die Bayerische Staatsoper natürlich eine große Ehre bedeutete. Wir sagten zu und schlugen das »Frau ohne Schatten«-Projekt mit dem japanischen Führungsteam vor – und die japanische Seite war hellauf begeistert, auch unter dem Aspekt des Brückenschlags und der Symbiose zweier Kulturen.

Und nun stellte sich plötzlich heraus, daß es aufgrund technischer Probleme bereits im Herbst 1992 unmöglich wurde, das Münchner Haus weiter zu bespielen. Die Münchner Premiere von »Frau ohne Schatten« war damit gestorben. Was also lag näher, als die Premiere der »Frau ohne Schatten« mit der Eröffnung des ersten japanischen Opernhauses zusammenzulegen. Beifall allenthalben! Aber dann tauchten Fragen auf, mit denen wir zuvor nicht gerechnet hatten: vor allem längere Aufenthalte in Japan für einige Abteilungen.

Mehr denn je wollte der japanische Kostümbildner Tomio Mohri darauf bestehen, die Kostüme in Japan nähen zu lassen, da es sich um sehr komplizierte und diffizile Kabuki-Kostüme handelte, aber das war schon aus finanziellen Gründen nicht möglich. Es bedurfte einiger Überredungskunst, den Japanern klarzumachen, daß wir unsere Münchner Werkstätten weiterbeschäftigen mußten. Schließlich kam Mohri mit seiner Mitarbeiterin nach München – ein Musterkostüm im Gepäck. Die hauseigene Schneiderei nähte dann die anderen Kostüme so minutiös und liebevoll nach, daß die Begeisterung groß und das Problem gelöst war. Unsere Werkstätten unter der Leitung von Günter Berger genossen diese neuartige Aufgabe geradezu.

Auch hinsichtlich der sehr aufwendig konzipierten Dekorationen entwickelte sich nach gewissen Anlaufschwierigkeiten eine äußerst produktive Kooperation. Im Juli/August konnten wir bereits die größeren Teile nach Japan verschiffen, die kleineren Requisiten gingen per Flugzeug nach Nagoya.

Die Zusammenarbeit, der Ablauf und die Organisation dieser deutsch-japanischen Gemeinschaftsproduktion waren vorbildlich. Und das Ergebnis wurde in den japanischen Medien hymnisch gefeiert. Sie zeigten sich fasziniert von der gelungenen Verbindung des Kabuki-Theaters mit der westlichen Opern-Tradition. Und wir alle – auch die westlichen Korrespondenten – waren hingerissen von der Möglichkeit, strenge Kabuki-Formen bei der Bewegung der Figuren in unsere Art des Theaterspielens einzubringen.

Der Regisseur hatte äußerst intensiv mit den Sängern gearbeitet: Zum erstenmal bedankten sich die Sänger bei mir für die Verpflichtung eines Regisseurs, von dem sie noch lernen konnten; der ihnen von der Persönlichkeit, von der Haltung, von der Gestaltung und von der Spannung her Vorbild war.

Es war eine glanzvolle Aufführung. Alles lief so perfekt, wie man es sich besser nicht hätte wünschen können. Das neue Opernhaus ist eines der schönsten der Welt, die Akustik ist auf jedem Platz ausgezeichnet – Superlative, die hier wirklich gerechtfertigt sind.

Mir persönlich tut es sehr leid, daß diese Produktion der Bayerischen Staatsoper, die ich für eine der gelungensten meiner zwanzigjährigen Münchner Tätigkeit halte, in der Form, wie wir sie in Japan erarbeitet haben, in München nicht zu sehen sein wird. Der Regisseur konnte sich nicht persönlich um die Wiederaufnahme der Produktion in München kümmern. Einige Kabuki-Effekte waren auf München nicht übertragbar. Wie gern hätte ich diese Produktion als Abschluß meiner Münchner Tätigkeit in der perfekten japanischen Fassung der Öffentlichkeit vorgestellt.

Die Erinnerung an diese deutsch-japanische »Frau ohne Schatten« wird mir eine unvergeßliche Erfahrung bleiben. Ennosuke ging von einer unglaublichen Kenntnis des Werkes aus, und vielleicht gelang es ihm deshalb, das Stück auf der Bühne so zu erzählen, so darzustellen, so klarzumachen, daß ihm jeder zu folgen vermochte.

Die Geschichte dieses »Schattens«, die Symbolik, die Charaktere – all das wurde so deutlich, daß selbst vielen Kennern dieser Oper an manchen Stellen die inneren Zusammenhänge zum erstenmal aufgingen. Es ist Ennosuke gelungen, das Menschliche – nicht das Artifizielle – herauszuarbeiten: den Gedanken der Weltversöhnung. Die Beziehung zwischen Mann und Frau, das Auseinanderleben und die Versöhnung, die Symbiose aller Gedanken, die das Stück durchziehen, verdichten sich zu etwas zeitlos Gültigem.

Der Kampf des Bösen in Gestalt der Amme und des Geisterreichs gegen die menschliche Seele, gegen die Fähigkeit der Kaiserin, über den eigenen Schatten zu springen – dies wurde zu einem erregenden Märchen. Das große C-Dur am Schluß des dritten Aktes, von Richard Strauss in fast penetranter Dauer gewollt, wurde in dieser Inszenierung überzeugend motiviert. Plötzlich begriff man, warum Strauss dieses C-Dur geschrieben hat.

Der Kabuki-Aspekt, die Verwandlungen im Kabuki-Theater, die Ausweitung des Geschehens auf mehrere Kulturkreise – das traf die Essenz des Stückes. Das hob die Gräben zwischen den Kulturen, zwischen Ost und West, auf; das eröffnete einen universellen Aspekt.

«DIE MEISTERSINGER VON NÜRNBERG« ALS CD

AUFNAHME UNTER IDEALEN BEDINGUNGEN

Als man mir vorschlug, die »Meistersinger« mit den letzten Raffinessen moderner Technik aufzunehmen, sagte ich mit Freuden zu. Allerdings unter einer Bedingung: nur mit dem Bayerischen Staatsorchester. Ich habe diese Oper in München über zwei Jahrzehnte hinweg dirigiert: Wir haben sie neu einstudiert, wir haben sie im Repertoire gehabt, wir sind damit sehr erfolgreich auf Gastspielreise gegangen – so 1988 nach Tokyo. Das Stück liegt in der Orchestermentalität, und das gilt auch für den Chor. Ich hatte daher keine Lust, gerade dieses Werk mit einem fremden Orchester, und sei es noch so gut, neu einzustudieren.

Es ist auch eine ganz eigene Art, wie das Staatsorchester mit diesem Stück umgeht. Natürlich wäre es vermessen zu sagen, man spürt die Tradition der Uraufführung von vor 125 Jahren, aber irgendwie ist trotzdem etwas Wahres dran: »Die Meistersinger« haben sich in München von Musiker zu Musiker vererbt. Im Orchester sitzen zwar immer wieder neue Musiker, die das Stück nicht von der ersten Probe für eine neue Produktion her kennen, aber sie werden mitgerissen, sie hören auf den älteren Nachbarn, auf den älteren

Vordermann, sie werden integriert in etwas, das schon existiert, und nehmen es auf, und so geht es von Generation zu Generation weiter. Das spüre ich. Vieles ergibt sich da automatisch, und es bedarf keiner besonderen Proben, um das allerhöchste Niveau zu erreichen. Hinweise genügen.

Auch die Besetzung, die für diese Aufnahme zustande kam, reizte mich: Bernd Weikl als Hans Sachs, Ben Heppner als Stolzing, Siegfried Lorenz als Beckmesser, Cheryl Studer als Eva, Kurt Moll als Pogner, Deon van der Walt als David.

Ich selbst hatte mich fast ein Jahr nicht mehr mit den »Meistersingern« beschäftigt – seit meinem letzten Münchner Opern-Dirigat bei den Festspielen 1992. Und so empfand ich es als wunderbare Aufgabe, mich einmal mehr darein zu vertiefen. Es hat mich fasziniert, gewisse Feinheiten herauszuarbeiten, nicht ganz gelungene Passagen wiederholen zu können und vom Orchester Raffinessen zu fordern, die bei einer Repertoirevorstellung, wo mehr der Gesamteindruck zählt, nicht so sehr ins Gewicht fallen. Da jetzt ins Detail zu gehen und Korrekturen anzubringen, war ein Vergnügen.

Es war schön, das Stück in einer Studioatmosphäre mit dem Ziel aufzunehmen, es nicht als eine reine Studioproduktion anzugehen, sondern einfach zu spielen, zu musizieren, bei gravierenden Fehlern oder Unstimmigkeiten eine Szene von fünf oder acht Minuten insgesamt noch einmal zu machen, aber nicht taktweise zu korrigieren. Wir wollten mit großem Atem ganze Szenen aufnehmen und dann eine Auswahl aus zwei oder drei Aufnahmen treffen.

Wer glaubt, daß durch die Weiterentwicklung der Aufnahmemöglichkeiten, etwa der Verfeinerung der heute üblichen Digitaltechnik, gegenüber einer Analogaufnahme eine neue Qualität erreicht worden sei, die es früher nicht gab, ist im Irrtum. Sicher gestatten es die digitalen Techniken, die 12- oder 24-Spur-Maschinen, im nachhinein eine Aufnahme zu manipulieren, etwa gewisse dynamische Balancen innerhalb des Orchesters zu verändern. Das ist manchmal großartig. Auch die Schnittechnik ist heute wesentlich besser: Es gibt technische Möglichkeiten, von denen man noch vor ein paar Jahrzehnten nicht zu träumen wagte. Aber das allein bringt's nicht!

Wenn ich mir beispielsweise eine Neupressung von »Capriccio« anhöre, eine der ersten Opernaufnahmen, die ich in London zur Zeit von Walter Legge, dem Mitinhaber des Plattenkonzerns EMI und Begründer des Philharmonia Orchestra, gemacht habe, so stelle ich immer wieder fest, daß diese Produktion in einer unglaublichen Qualität aufgenommen worden sein muß, um alle heutigen Manipulationen zu überstehen; und das war keine Stereo-Aufnahme, das war keine Digital-Aufnahme, das war eine ganz ordinäre Tonband-Mono-Aufnahme. Sie hat heute – stereophonisiert und digitalisiert – ein Klangvolumen und eine Klangschönheit, die kaum zu übertreffen sind.

Das gleiche gilt für Carl Orffs »Die Kluge« und »Der Mond«, die ich ebenfalls mit Walter Legge und dem Philharmonia Orchestra in London produzierte: Da muß ich ihm auch heute noch meine Hochachtung aussprechen. Für ihn war Qualität das oberste Gebot, und alles andere hatte sich dem unterzuordnen.

Für den Produzenten Walter Legge war es eine Selbstverständlichkeit, daß alle Sänger mindestens eine Woche vor Beginn der Aufnahmen bereits zu Klavierproben zur Verfügung stehen mußten. Sonst hätte er sie nicht engagiert. Das war Bestandteil des Vertrags. Und es handelte sich immerhin um Sänger der Weltspitzenklasse wie Elisabeth Schwarzkopf, Anna Moffo, Christa Ludwig, Hans Hotter, Dietrich Fischer-Dieskau, Eberhard Wächter, Nicolai Gedda, Karl Schmitt-Walter – Künstler, die uns heute als Legenden in Erinnerung sind und die damals auf dem Zenit ihrer künstlerischen Kraft standen. Legge vertrat konsequent den Standpunkt: entweder – oder! Und alle fügten sich.

Eine Woche vor Beginn saß ich am Klavier, wir haben gearbeitet, haben die Phrasen erarbeitet, Ensembleproben gemacht, und nach dieser Woche war jedem die gesamte Oper so vertraut, daß wir später bei den Aufnahmen die Leistung nur noch kontrollieren und Kleinigkeiten korrigieren, aber nicht mehr grundsätzliche Dinge klären mußten.

Heute ist so etwas unmöglich. Man setzt eine große Aufnahme an und hat sich auf die Wunschsolisten geeinigt. Dann sagt der eine: »Geht leider nicht, ich kann euch in dem Zeitraum von vierzehn Tagen, den ihr angesetzt habt, allenfalls zwei Tage zur Verfügung stehen!« Solche Terminschwierigkeiten führen dazu, daß nicht mehr chronologisch aufgenommen werden kann, daß man nicht, wie in der Live-Oper, mit der Ouvertüre beginnen kann.

Bei »Capriccio« haben wir unter Walter Legge mit dem Sextett angefangen und vom ersten Atemzug der

Sänger bis zum Schluß alles chronologisch produziert. Heute müssen vielleicht fünfzig Seiten Klavierauszug aus dem 3. Akt vorgezogen werden, weil dieser oder jener Sänger eben nur jetzt zur Verfügung steht, dann muß ich zwanzig Seiten aus dem 1. Akt aufnehmen und so weiter. Es geht wie Kraut und Rüben durcheinander. Diese Zugeständnisse muß man machen, weil man sonst mit den Sängern nicht mehr rechnen kann: Kräfte dieses Kalibers sind heute weltweit an den ersten Bühnen im Einsatz, so daß es unmöglich wäre, sie für einen längeren Zeitraum exklusiv zu engagieren. Einer steht dann eben nur acht Tage zur Verfügung, der andere sechs Tage und ein dritter drei Tage. Und manchmal überschneiden sich die Daten so glückhaft, daß man, Gott sei Dank, das Quintett zusammen aufnehmen kann.

Bei Konzertaufnahmen, bei Klavier- oder Violinkonzerten ist das natürlich anders, aber bei großen Opernaufnahmen, wo acht, zehn oder fünfzehn Sänger mitwirken, unterscheidet sich der Ablauf einer Aufnahme doch wesentlich von dem, was sich vor vierzig Jahren abgespielt hat. Wir sind technisch so weit, daß ein Dirigent sagen könnte: Ich habe gerade zehn Tage Zeit, ich nehme die Oper »X« nur mit dem Orchester und ohne Sänger auf. Ich habe genaue Vorstellungen über Tempo, über Dynamik, ich weiß an jedem Punkt genau, was ich haben will. Die Orchesterteile sind in fünf, sechs Tagen eingespielt, und dann synchronisiere ich die Sänger drauf, wenn sie gerade Zeit haben. Ich lehne das kategorisch ab!

Das parzellierte Aufnehmen eines solchen Monsterstücks wie »Die Meistersinger« ist nur dann möglich, wenn man das Werk sehr, sehr gut kennt. Da wird man sich dann aus dem Detail heraus an die größeren Zusammenhänge erinnern; man wird, glaube ich, trotz der Sprünge vom 1. zum 3. Akt usw. eine Linie, einen Aufbau und einen Ablauf finden, der später nicht erkennen läßt, daß manche Szenen in unterschiedlicher Folge aufgenommen worden sind. Aber dazu gehört viel Erfahrung, und man muß sich auch mit Sängern auskennen. Man muß genau wissen, ob man sie/ihn noch fordern kann oder zurückhalten muß, weil noch ein Monolog, eine große Szene oder ein Schluß folgt, wo erwartet wird, daß sie/er alles gibt. Man muß unbedingt verhindern, daß der Eindruck entsteht: Die/der »brüllt« den ganzen »Abend« hindurch und singt auch den Schluß noch mit voller Kraft; dann würde man nämlich spüren, daß der Schluß vorweggenommen wurde... Gerade bei den »Meistersingern«, die in wesentlichen Teilen unglaublich nahe an ein Kammermusikstück herankommen, mit einer verhältnismäßig kleinen Orchesterbesetzung und Parlando-Gesang, wäre das verhängnisvoll.

Es bedurfte eines abenteuerlich anmutenden, aber fabelhaft ausgeklügelten Aufnahmeplans, wie ihn Tonmeister Wilhelm Meister vom Bayerischen Rundfunk entworfen hatte und der alle Schwierigkeiten berücksichtigte, von der Anwesenheit bestimmter Sänger bis zu ihrer Belastbarkeit. Vor den Aufnahmen fanden von 10 bis 11 Uhr Klavierproben statt, die Aufnahme selbst dauerte jeweils von 11 bis 16 Uhr, mit einer Mittagspause von einer Stunde. Und anschließend an die Aufnahmen machte ich die Klavierproben für die Szenen des nächsten Tages.

Ein Werk von beinahe viereinhalb Stunden Musik, mit den verschiedenen Anwesenheiten der Sänger, der Verfügbarkeit der Säle, dem Rundfunkstudio und dem Herkulessaal, der Orgel dazu, dem Chor – all das so in einen Zehn-Tage-Plan aufzuteilen, daß man möglichst logisch alles in die Aufnahmezeit hineinbringt und dann noch zehn Minuten vor Ablauf der angesetzten Zeit fertig wird, und zwar gut fertig wird, ohne Hetze – das war schon ein Kunststück.

Auch in der Technik klappte alles hervorragend: Es wurde ein Klang produziert, der das Orchester und die Stimmen und die Wechselwirkung zwischen beiden hervorragend zur Geltung bringt. Eine technische Umsetzung wurde gefunden, in der nicht nur die Singstimmen dominieren, sondern in der auch jede Passage im Orchester, jedes Detail genau zu hören ist und sich nichts gegenseitig zudeckt.

Es gibt auch Fälle, in denen zwischen Aufnahmeleitung und einem einzelnen Sänger in der Beurteilung keine Einhelligkeit zu erzielen ist. Dann wird man fast immer auf den Sänger hören und eine weitere Aufnahme machen, denn was einmal aufgenommen wurde, geht ja nicht verloren. Und manchmal ist es tatsächlich so, daß man nachher selber sagt: »Gott sei Dank hat der Sänger darauf bestanden. Die neue Aufnahme ist tatsächlich um einiges besser als die alte.«

Bei Terzetten, Quartetten oder wie beim »Meistersinger«-Quintett kommt es oft vor, daß jeder der Mitwirkenden in erster Linie nur das wahrnimmt, was er selber gesungen hat, und dann kann es passieren, daß einer sagt: »Ich habe mich eigentlich von allen am wenigsten gehört. Ich habe den Sopran und den Tenor gehört, aber ich bin untergegangen. Kann man das nicht noch einmal machen? Kann man mich da nicht besser berücksichtigen?« Und das glaubt jeder von den fünf Sängern. Meistens jedenfalls. Wenn das aber so ist, dann ist die Aufnahme richtig. Wenn jeder der fünf Sänger sich selber nicht hört, wenn sich jeder zu kurz gekommen fühlt, dann ist die größtmögliche Ausgewogenheit erreicht.

Merkwürdig auch, wie man selber zuweilen reagiert. Wir nahmen eine Szene aus dem 2. Akt auf, die mit dem Nachtwächter-Horn. Wir alle waren der Meinung, als wir sie anschließend abgehört haben: eine Stimmung wie auf der Bühne! Man riecht förmlich die Johannisnacht. Das hat Flair! Das hat Ausdruck! Und dann machten wir die Stelle aus Sicherheitsgründen noch einmal, hörten sie wieder ab und stellten fest: Bei der zweiten Aufnahme war die Stimmung überhaupt nicht da. Und das beim selben Tempo, bei derselben Dynamik.

Manchmal entsteht einfach etwas Besonderes, auch bei einer Schallplattenaufnahme, das nicht wiederholbar ist. Es ergibt sich plötzlich! Plötzlich stimmt alles! Das sind unwägbare Dinge, die auch im Studio passieren und nicht nur live in der Oper. Jeder spürt auf einmal: Das ist es gewesen!

Drei Jahre haben wir an diesen »Meistersingern« geplant, und trotzdem konnten wir Unvorhergesehenes nicht verhindern. Plötzlich erkrankte einer der Meister, und wir hatten von einer Stunde auf die andere Ersatz zu finden.

Daß Sänger krank werden, ist für mich nach so vielen Jahren Theatertätigkeit nicht sonderlich dramatisch. Es gibt für jede Situation eine Lösung, und es gab sie auch diesmal. Wir haben über eine Konzert- und Theateragentur einen Künstler aus Dresden bekommen, der die Partie drauf hatte und sich ins nächste Flugzeug setzte.

Wir waren ein perfekt eingespieltes Team: Wilhelm Meister bemerkt als erster, wenn irgend etwas nicht stimmt, was man beispielsweise im Saal draußen gar nicht hören kann. Manches ist für den Dirigenten eben nicht wahrnehmbar. Er hat das Gefühl, alles war wunderbar beisammen, es kann eigentlich nichts gewesen sein, und wenn er dann das Band abhört, stellt er fest, daß da doch eine kleine Unebenheit war. Der Tonmeister ist auch für die Balance zwischen Sänger und Orchester zuständig.

Die Hauptverantwortung – und das ist bei allen Einspielungen so – liegt beim Dirigenten. Er ist für das Tempo zuständig, für die ganze Atmosphäre, für die Abstimmung zwischen Orchester und Sängern, für orchestrale Fragen; wenn er zum Beispiel ein Instrument noch mehr herausgearbeitet haben möchte. Er hat den Gesamtüberblick über die musikalische Darstellung. Er entscheidet, ob er etwas noch einmal machen möchte oder ob es »gestorben« ist.

Perfektion ist eines der Ziele. Denn mit dem Ergebnis wird man schließlich immer wieder konfrontiert, auch wenn es negativ ist. Der Konsument kann bei einer Arie oder bei einem musikalischen Ablauf, bei einer Phrase, die besonders gut gelungen ist, feststellen: Das ist so schön! Das höre ich mir noch einmal an! Das ist ausdrucksstark, das Orchester klingt gut, die Sänger sind in bester Form! Aber das gilt natürlich auch für das Gegenteil: Was danebengegangen ist und nicht mehr korrigiert wird, bleibt ebenso erhalten. Da sind Stimmen und Orchester nicht beieinander, da ist ein Ton abgerutscht, da ist etwas nicht geglückt ...

Und trotzdem: Wenn ich davon ausginge, eine Aufnahme zu machen, bei der für mein Ohr, für mein künstlerisches Empfinden wirklich jeder Takt und jede Balance von der Dynamik und vom Tempo her perfekt sind, wenn ich die absolute Perfektion anstreben wollte, also etwas, das über jede Art von Beckmesserei erhaben wäre, dann müßte ich für eine solche Aufnahme ein Jahr ansetzen und jeden Tag fünf Stunden aufnehmen. Man käme nur taktweise voran, und ich bezweifle, ob man vom Resultat dann sagen könnte: Das ist eine perfekte Aufnahme! Wahrscheinlich wäre sie langweilig, öde und steril.

Und wie ergeht es einem später als Dirigent? Hört man sich ein Vierteljahr später eine Stelle wieder an, bei der man sich einen kleinen Kringel gemacht und notiert hat: »Nachhören!«, dann fragt man sich: Warum habe ich da eigentlich so herumgefummelt? Ist doch völlig in Ordnung! Bei der Aufnahme ist man kritisch und überkritisch, aber man tut besser daran, alles im Gesamtablauf zu sehen. Das ist auch der Grund, warum wir nicht seitenweise aufnehmen, sondern szenenweise, warum wir dann zwanzig Minuten an einem Stück durchspielen und vielleicht noch ein zweites Mal durchspielen. Was in beiden Fassungen nicht gelungen ist, kann noch einzeln korrigiert werden. Man nimmt fünf Takte, zehn Takte heraus und beseitigt eine eventuelle Fehlerquelle.

Ich selbst bin überkritisch, vor allem im unmittelbaren Anschluß an eine Aufnahme, und muß mich davor hüten, nicht überall nur das Negative zu suchen. Natürlich muß ich als Hauptverantwortlicher wesentlich kritischer sein als der spätere Zuhörer, der die Gesamteinspielung auf sich wirken läßt, die einzelnen Aufnahmeabschnitte nicht kennt, keine der Korrekturen nachvollziehen kann und feststellt: Das gefällt mir, oder das gefällt mir nicht!

Hier liegt der Hauptunterschied zur Live-Aufführung: Sie ist, auch wenn sie auf Schallplatte festgehalten wird, ein einmaliger Vorgang. Wenn auf der Bühne etwas danebengeht, dann weiß man: Es war eine Angelegenheit dieses Abends, es ist vorbei, und zweitausend Leute haben es gehört. Die, die es registriert haben, vergessen es auch wieder; und vielleicht haben es manche Leute überhaupt nicht gehört. Jedenfalls ist es vorbei.

Damit zu leben ist mein Beruf. Man gewöhnt sich daran. Es ist eine Erfahrungssache. Man freut sich über jeden geglückten Abend und sagt sich, das lief heute eigentlich ganz passabel. War es nicht gut, und hat man von dieser Aufführung vier Tage später eine Wiederholung mit derselben Besetzung, dann wird man, wenn es sich um Fehler bei Sängern handelt, darüber reden: »Sie wissen schon, was da falsch gewesen ist!« Und meistens weiß er es selbst genau und wird versuchen, es besser zu machen.

Es gibt manche Punkte – auch vom Tempo her –, für die bei der Schallplatte andere Regeln oder Maßstäbe gelten als auf der Bühne. Bei einer Live-Aufführung wird man sich manchmal bei bestimmten, als Konversation angelegten Stellen mehr Zeit lassen, weil ein Blick, eine Geste, eine Bewegung etwas andeuten, das eine gewisse Zeit erfordert. Auf der Schallplatte würde man sofort sagen: Warum geht's denn da nicht weiter? Da gelten andere Gesetze.

Die Wortverständlichkeit sollte bei einer Schallplattenproduktion oder auch bei einer konzertanten Aufführung mehr im Vordergrund stehen als auf der Bühne, wo die Optik mithilft, etwas zu begreifen, auch wenn man den Text nicht ganz mitbekommt. Natürlich arbeite ich auch bei einer Studioaufnahme manchmal szenisch. Vor allem, wenn gewisse Sachen etwas leiser oder von der Artikulation her etwas deutlicher gebracht werden müssen. Es gibt richtige Szenenauftritte, etwa wenn Hans Sachs bei seinem ersten Auftritt von hinten auf die Bühne kommt und sagt: »Gott grüß Euch, Meister!« Einen solchen Auftritt wird man auch auf der Schallplatte distanzierter gestalten, um eben auch da den Eindruck zu vermitteln: Er ist gerade gekommen und singt jetzt seinen ersten Satz. Szenische Elemente spielen also durchaus eine Rolle.

Insgesamt war es eine der schönsten, ruhigsten und angenehmsten Plattenaufnahmen, die ich je gemacht habe. Und noch dazu mit einem solch riesigen Werk.

WUNSCHTRAUMDEUTEREI

Die »Meistersinger« sind das humorvollste, lustigste und lebendigste, das intelligenteste und das brillanteste Opernwerk, das ich mir vorstellen kann. Während der »Arien« und »Duette«, die natürlich keine Duette und Arien sind, passieren Dinge musikalischer Art, wie sie – auf einer ganz anderen Ebene – nur noch im »Tristan« oder im »Parsifal« geschehen. Einfälle, bei denen das Genie des Meisters immer wieder zutage tritt und die mich ein ums andere Mal verblüffen. Was in diesem Gehirn vorgegangen sein muß! Für uns ist es einfach, das wiederzugeben, was vor uns steht, aber das alles zu erschaffen ...

Bei den Inszenierungen, die ich dirigiert habe, etwa in München oder Mailand, habe ich nicht immer das von der Bühne bekommen, was ich mir erhofft hatte. Und im Grunde habe ich den Traum begraben, einmal eine vollendete Inszenierung dirigieren zu können. Andererseits bin ich nach den Erfahrungen dieser zehn sehr intensiven Aufnahmetage sicher, daß sich ein Regisseur nur genau an das halten muß, was in der Partitur steht, um »Die Meistersinger« über die Rampe an den Zuhörer zu bringen. In diesem Stück hat er nicht den Freiraum des »Rings«. Es ist unmöglich, hier von der gesellschaftlichen Struktur des 19. Jahrhunderts auszugehen und sich von der Zeit des Hans Sachs zu entfernen. All das gar ins 20. Jahrhundert zu verlegen wäre für mich unvorstellbar. Das Stück ist perfekt, so wie es ist – es bedarf keines zusätzlichen Kommentars.

Wollte heute einer besonders betonen, wie da die Jugend, sprich: Walther von Stolzing, einbricht in eine alte, vergammelte und seit Jahrzehnten in Erinnerung und Tradition erstarrte Meistersinger-Gesellschaft, dann würde ich ihm sagen: Moment, gar nicht nötig zu aktualisieren! Hör dir die Worte an, die Sachs im Fliedermonolog singt. Da ist mit drei präzisen Sätzen alles gesagt, etwa mit der Bemerkung: »Es klang so alt und war doch so neu.« Alles, was man optisch kommentieren oder durch moderne Kostüme aktualisieren könnte, indem man diesen im T-Shirt und jenen im Frack auftreten ließe, ist überflüssig. Man muß nur den Hauptfiguren zuhören, und alles ist klar. Was sagt Stolzing im 2. Akt zu Evchen, warum er bei dem Wettgesang nicht reüssiert hat? Es ist alles so einfach. Da braucht's keine äußeren Umstände und Verkleidungen oder ähnliches. Worauf es ankommt, ist durch ein paar Worte und durch die Musik ausgedrückt.

Man kommt dem Stück wirklich nur dann bei, wenn man auch die optische Ruhe für dieses Werk aufbringt. Dann aber ergibt sich alles von selbst. Und man braucht Sänger, für die es selbstverständlich ist, so deutlich wie möglich zu artikulieren. Vom Orchester, von der Behandlung der Dynamik her ist das Ganze so meisterhaft, daß ein Sänger, der nicht nur über eine schöne Stimme verfügt, sondern auch noch gelernt hat, Vokale und Konsonanten zu formen, keine Schwierigkeiten mit seiner Partie hat. Der Regisseur braucht nichts anderes zu tun, als das auf die Bühne zu bringen, was im Text und in der Musik angelegt ist. Jeder Regisseur, der sich verkrampft und sagt, was könnte ich noch machen, wie könnte ich da einen neuen Touch reinbringen; wie könnte ich das alte Ding entstauben, der scheitert. »Die Meistersinger« sind nicht verstaubt, wenn man sich völlig auf sie einläßt. Die Katharinenkirche zu Beginn des 1. Aktes muß nicht die realistische Darstellung eines Kirchenschiffes sein. Eine Andeutung genügt, eine ruhige Szene. Werden die Leute durch das optische Geschehen auf der Bühne abgelenkt, registrieren sie nicht mehr, was zwischen den Menschen geschieht.

Ich erinnere mich sehr gut an die »Meistersinger«-Inszenierung Wieland Wagners für Bayreuth. Es war die Zeit des Entrümpelungswahns beim »Ring«, bei »Parsifal« und »Tristan« und eben auch bei den »Meistersingern«. Ich weiß noch wie heute, wie meine Frau und ich nach dem 1. Akt zu ihm gesagt haben: »Wieland, lassen Sie sich diesen 1. Akt, die optische Umsetzung, die Sie da gefunden haben, patentieren mit dem Hinweis, daß keiner nach Ihnen etwas anderes machen darf.« Es war so hinreißend schön! Oder der 2. Akt, wo nur der Fliederbusch im Raum stand. Welche Stimmung, welche Atmosphäre, unwiederholbar! Man muß keine realistischen Häuser von Nürnberg bauen. Wielands Lösungen haben gewirkt, weil sie dem Stück gedient und nicht abgelenkt haben. In dem Moment, in dem der Vorhang aufging, hat der Zuschauer verstanden, was da vor sich ging. Man hat die Optik einmal wahrgenommen und die Veränderungen vom Licht her, das Nachtwerden, kaum mehr gespürt. Der Ablauf von 5 Uhr nachmittags bis in die Nacht hinein geschah fast unmerklich. Eine vollendete Inszenierung ohne jeden Krampf!

Gerade bei dieser Schallplatteneinspielung, bei dieser Sisyphusarbeit für Details, für Genauigkeit, ist uns allen aufgegangen, daß es nur über eine intensive Beschäftigung mit dem Stück möglich ist, den Inhalt, den Humor und den Wert wirklich zu begreifen.

»Die Meistersinger« begleiten mich inzwischen seit vielen Jahrzehnten. Ich habe damit meine Generalmusikdirektorentätigkeit in Aachen begonnen – neben »Otello«, »Walküre« und »Tannhäuser«. Es gelang mir, den damals sehr bekannten Bariton Karl Kronenberg von München nach Aachen zu verpflichten, um mit ihm den »Meistersinger«-Sachs und später den »Rosenkavalier«-Ochs zu machen. In Augsburg hatte ich die »Meistersinger« korrepetiert, in Aachen meine erste Einstudierung präsentiert, dann folgten das Erlebnis Bayreuth und die Gespräche mit Wieland sowie eine konzertante Aufführung in Rom. Immer wieder habe ich mich mit diesem Stück beschäftigt. Und in all den Jahrzehnten hat es mich nicht eine Minute gelangweilt oder kaltgelassen, obwohl es vom Dirigentischen her, wenn man es an einem Abend macht, eine Parforce-Tour ist. Vor allem im 3. Akt, nach dem Quintett, die nun folgenden vierzig Minuten der Festwiese.

Ich weiß noch gut, wie Wieland Wagner immer sagte: »Wenn das Stück nur mit dem Quintett zu Ende wäre! An dieser Stelle weiß doch jeder, wie es ausgeht.

Man weiß, daß Evchen und Stolzing zusammenkommen und daß David Geselle geworden ist. Die ganze umstrittene Festwiese mit den Fahnen und Wimpeln«, meinte Wieland, »hätten wir gar nicht mehr gebraucht. Diese politische Manifestation des Deutschtums da am Schluß, die Eloge auf die deutsche Kunst mit ›Ehrt Eure deutschen Meister ...‹« Sicherlich hat Wieland das gesagt als einer, der sich des Mißbrauchs im Dritten Reich sehr nachdrücklich bewußt war und dem es darum ging, die Bayreuther Festspiele zu entpolitisieren.

Dirigiere ich die Festwiese, so denke ich nicht an Deutschtümelei. Für mich ist es die grandiose Darstellung eines traditionellen Festes. Die Stadt Nürnberg hat eben alljährlich auf der Nürnberger Festwiese für das Volk einen Wettbewerb unter den kunstverständigen Meistern veranstaltet. Preise werden vergeben. Die neuen Sänger stellen sich zum Wettkampf, wenn sie in die Meistergilde aufgenommen werden wollen ...

Man hat »Die Meistersinger« zu Unrecht zu einer Keimzelle von Hypothesen gemacht, die darin gipfeln, daß Wagner Antisemit gewesen sei und mit diesem Werk den Weg für Hitler und das Dritte Reich bereitet hätte. So einfach darf man es sich nicht machen. Ich denke gar nicht daran, nachzuzählen, wie oft das Wort »deutsch« darin vorkommt; das haben auch die nicht getan, die das Stück trotz des NS-Mißbrauchs die ganzen Jahre über im Ausland gespielt und dirigiert haben.

Möglich ist, daß wir jetzt mit dieser Aufnahme einen neuen Akzent gesetzt haben: Ben Heppner, der Stolzing, ist Kanadier; Cheryl Studer, das Evchen, ist Amerikanerin; Deon van der Walt, der David, ist Südafrikaner. Da kann man schwerlich sagen, daß dies eine treudeutsche Besetzung sei. Vielleicht macht das den Blick frei für den unabänderlichen Wert des literarischen und musikalischen Genies Wagners. Andere Überlegungen sollten keine Rolle spielen.

MACHT UND OHNMACHT DES MARKTES

Kommerzielle Überlegungen sind für mich nicht ausschlaggebend. Daß die Schallplatte für Konzerne früher weit mehr als heute ein lukratives Geschäft war, steht außer Frage. Jeder Käufer eines Tonbandes, eines Radios, eines Kassetten- oder Videorecorders muß beim Kauf bekanntlich einen gewissen Obolus entrichten: als generelle Abgeltung für die Leistungsschutzrechte. Mit den neuen Aufnahmegeräten kann man heute allerdings von jeder Übertragung – und das ist nicht illegal – wunderbare Mitschnitte machen, die allerhöchsten Ansprüchen genügen. Wenn man das einmal konsequent zu Ende denkt, kann man sich leicht ausrechnen, was das für den Verkauf bedeutet.

Wenn heute eine Compact Disc zwischen zwanzig und fünfzig Mark kostet, muß der Käufer für die vier bis fünf »Meistersinger«-CDs über hundert Mark hinlegen. Ein Supertonband auf Digital, mit dem sich diese Aufnahme bei einer Radiowiedergabe gratis mitschneiden läßt, kostet etwa zehn Mark – einschließlich Leistungsschutzrechtsgebühr. Wer soll sich da noch um eine Schallplatte bemühen?! Da macht sich die Industrie meiner Ansicht nach selbst ganz schön Konkurrenz.

Ein weiteres Minus für die Industrie: Die alten Schellack-Platten mit 78 oder 33 Umdrehungen haben sich verhältnismäßig rasch abgespielt. Wie leicht war beim Aufsetzen der Nadel der Tonarm »abgerutscht«, ein Kratzer über die ganze Seite machte das Anhören nicht zu einem Vergnügen, von den alsbald ausgeleierten Rillen und der manchmal unerträglichen Geräuschkulisse der Nadel gar nicht zu reden. Nach einer gewissen Zeit hat man sich halt von dieser Platte getrennt, falls sie nicht vorher schon einfach zerbrochen war. Und man kaufte das gleiche Stück mit anderen Interpreten – auch des Interesses wegen! – noch einmal.

Heute kann man sich das nicht mehr vorstellen. Die absolut geräuschfreie Wiedergabe durch eine CD oder ein DAT-Band bleibt auch nach dem x-ten Abspielen gewährleistet. Ein »Nachkauf« ist also nicht mehr nötig. Da ist es verständlich, daß die Schallplattenindustrie auch von einer »Rezession« getroffen wird.

Auf der anderen Seite bedingt eine Einspielung, daß mit höchster künstlerischer und technischer Qualität produziert wird. Diese Aufnahmen besitzen dokumentarischen Wert und bieten allein von der Besetzung her Besonderes. Oft gelingt es mir während der Festspiele in einer einzigen Aufführung, die vielleicht von zweitausend oder viertausend Besuchern erlebt werden kann, diese hochkarätige Qualität zu erreichen. Erst durch das Medium Platte oder Mitschnitt können Millionen Menschen an solchen Ereignissen teilhaben. So weit, so gut.

Doch die Medien haben heute eine viel weiterreichende Verantwortung. Wenn Schallplatten nicht mehr gekauft werden, werden sie eines Tages auch nicht mehr produziert. Die Schallplattenfirmen und damit auch die für sie exklusiv tätigen Künstler, die prozentual am Verkauf beteiligt sind und sonst oft keine Gage bekommen, existieren von den weltweit verkauften Stückzahlen. Werden weniger Schallplatten oder CDs verkauft, weil ein Großteil der potentiellen Käufer zu Hause am Radioapparat mitschneidet, dann wirkt sich das auf die Gesamtsituation aus.

Was aufgenommen wird, geht oft auf einen Vorschlag der Firma zurück, bei der man unter Vertrag ist. Aber diese Vorschläge kommen auch nicht von ungefähr, denn jede Firma beobachtet den internationalen Markt sehr genau. Belegt sie ein Spitzenorchester, um alle Beethoven-Symphonien aufzunehmen, dann spricht sich das in der Branche wie ein Lauffeuer herum. Mag sein, daß dann eine andere Firma sagt, wenn die jetzt mit diesem Orchester und diesem Dirigenten einen Beethoven-Zyklus herausbringen, dann müssen wir ebenfalls präsent sein. Oder aber man entscheidet sich dann ganz bewußt dafür, die Finger von einem Konkurrenz-Zyklus zu lassen.

Bei einem Unternehmen der Größenordnung der »Meistersinger« ist das anders. Die letzte Aufnahme hat Karajan in Dresden gemacht. Über eineinhalb Jahrzehnte sind also keine »Meistersinger« mehr eingespielt worden. Damals gab's noch kein Digital, noch keine CD, sondern nur die alten 33er-Schallplatten. Dieses System ist inzwischen so überholt, daß jetzt, auch vom kommerziellen Standpunkt her, der richtige

Zeitpunkt überfällig war, eine neue »Meistersinger«-Aufnahme in einer guten Besetzung auf den Markt zu bringen.

Natürlich könnte jetzt eine Konkurrenzfirma sagen, dem müssen wir schon jetzt etwas entgegensetzen, was noch besser ist. Diese Möglichkeit besteht immer. Das heißt aber nicht, daß nicht trotzdem weiter geplant werden muß. Gesetzt den Fall, ich hätte einen Sänger im Auge, von dem ich überzeugt wäre, daß er in vier, fünf Jahren der ideale Stolzing oder der Sachs ist, so würde ich ihn heute schon mit Beschlag belegen und vielleicht 1998 oder im Jahre 2000 eine neue »Meistersinger«-Aufnahme produzieren. Wenn das geschieht, wird es wieder eine absolute Novität sein. Die alte Aufnahme wird dann als Zeugnis ihrer Zeit, als Dokument der letzten zehn Jahre des 20. Jahrhunderts, betrachtet werden.

Die Frage bleibt, wieweit man Herr seiner Entscheidungen ist. Natürlich können die Firmen Ideen zurückweisen oder nicht weiterverfolgen, von denen sie genau wissen, daß der Aufwand in keinem Verhältnis zum Verkauf steht. Ich möchte zum Beispiel 1995 zum 100. Geburtstag von Paul Hindemith etwas mehr für diesen Komponisten tun, weil ich ihn so schätze. Ich weiß genau, daß dafür nicht annähernd die Käuferschaft da sein wird, die die neuen »Meistersinger«, einen neuen »Rosenkavalier« oder auch einen neuen Brahms- oder Beethoven-Zyklus kaufen würde. Die Plattenfirma fragt: Was muß ich ausgeben für ein erstklassiges Orchester, um diesen 100. Geburtstag wahrzunehmen? Die Verkaufsleiter, die in den einzelnen Ländern sitzen, stellen fest: Um Gottes willen, in »meinem« Land – vielleicht Spanien oder Frankreich – kann ich das überhaupt nicht verkaufen. Da weiß niemand, wer Hindemith ist! Dann lautet die Entscheidung des obersten Chefs in London: Ich lasse die Finger davon, bevor ich eine Bruchlandung produziere und finanziell nicht annähernd das herausbekomme, was ich zunächst einmal investieren muß.

RÜCKBLICK MÜNCHEN

WARUM ICH AN DER BAYERISCHEN STAATSOPER AUFGEHÖRT HABE

Nach 21 Jahren hatte ich das Repertoire, das ich gerne dirigiere und das das Publikum vom Chef des Hauses verlangt, durchdirigiert. Ich hatte den ganzen Wagner, den ganzen Strauss, und ich hatte die großen Mozart-Opern sowie Wesentliches anderer Komponisten dirigiert.

Werke wie »Nozze di Figaro«, »Don Giovanni« und einige andere Inszenierungen des Hauses aber mußten irgendwann neu gebracht werden, und dann hätte nach alter Gepflogenheit wieder ich sie als Chef des Hauses in die Hand nehmen müssen. Ich wäre mir dabei also selbst im Wege gestanden, hätte mir selber Konkurrenz gemacht und wäre in die Situation gekommen, daß man hätte sagen können: Früher war das besser, frischer oder jugendlicher; ein anderer hätte vielleicht Altersweisheit und mehr Überlegenheit registriert. Jedenfalls wäre ich immer an mir selbst gemessen worden, vom Publikum wie von den Medien. Das hätte wenig Sinn gemacht.

Ich hatte einen Zeitraum von über zwanzig Jahren an dem Haus bestritten, die längste Zeit, die je ein Musikalischer Leiter in München geblieben ist. Es war also höchste Zeit, einer neuen Konzeption des Theaterspielens Platz zu machen und das Haus mit neuer Spannung zu erfüllen. Dabei war nun die unfreiwillige Schließung insofern ein Vorteil, als sich das Alte setzen und beruhigen konnte und nach einem Pausenjahr mit der Spielzeit 1993/94 Neues beginnt.

Die Münchner sind in München nie so besonders gut behandelt worden. Das hat eine gewisse Tradition. Aber ich glaube, in Wien ist das alles noch schlimmer. Operndirektor zu sein ist nun einmal eine Tätigkeit, bei der man nicht, wie bei einem Geschäftsmann, argumentieren kann, schaut euch meinen Jahresabschluß an, ich habe Überschuß gemacht, und damit ist alles gut. In der Oper, in allen künstlerischen Bereichen, ist es eben so, daß man sich fragen kann: Warum hat er gerade dieses Stück gebracht, ich hätte lieber das andere gehabt. In München, und das ist zu allen Zeiten so gewesen, gibt es ein interessiertes Publikum, die Oper ist in aller Munde, und so sind mehr oder minder stichhaltige Diskussionen unvermeidbar. Im nachhinein darf ich freilich zufrieden feststellen: Wir haben immer eine gute Figur gemacht – nicht nur in Bayern, auch in Deutschland und dank der Fest- und Gastspiele in vielen anderen Ländern.

Ich war der erste Münchner in der Geschichte des Nationaltheaters, der die Musikalische Leitung des Hauses und die Direktion des Hauses innehatte. Ich glaube jedoch, daß das für die Beurteilung keine große Rolle spielt. Man hat Bruno Walter, Clemens Krauss, Karl Böhm oder Hans Knappertsbusch nicht anders behandelt als mich. Man hat auch über diese Künstler Sachen geschrieben, bei denen man sich heute fragt: Mußte das sein? Mußte man sie in dieser bösartigen, hämischen Art angreifen? Das ist nicht neu; und es findet sich überall im Theaterbetrieb. Vielleicht ist es in München ausgeprägter, weil man von dem Standpunkt ausgeht, und das ist ja auch richtig, daß die Münchner Oper innerhalb des deutschsprachigen Raumes etwas Besonderes sein soll, und da liegt die Meßlatte eben höher als bei einem normalen Zwei- oder Dreispartenbetrieb.

Vieles, was mir am Herzen lag, wurde in die Tat umgesetzt, darunter die Übernahme der Konzerte des Bayerischen Staatsorchesters ins Nationaltheater. Die Musikalische Akademie war 1811 gegründet worden, zu einer Zeit, als an feste Abonnements noch kaum zu denken war. Das damalige Hoforchester hat die große Bresche geschlagen. Bis zum Jahre 1970 fanden diese Konzerte außerhalb des Opernhauses statt. Dr. Rennert stimmte dann meiner Idee zu, dem Orchester für diese Akademiekonzerte eine feste Heimstätte zu geben und jeden Monat einmal im Nationaltheater ein Konzert zu veranstalten. Wir haben die Bühne dafür einigermaßen hergerichtet, obwohl das akustisch zunächst sehr schwierig war. Ich hoffe, daß meine Nachfolger ebenso intensiv an der Verbesserung der Akustik arbeiten, wie wir das über die Jahre hin versucht haben.

Enttäuscht bin ich darüber, daß sich aufgrund meiner Doppelfunktion als Operndirektor und als Musikalischer Leiter die Grenzen in der Beurteilung einer Abendvorstellung oft verwischt haben. Man hat an manchen Abenden meine Leistung als Dirigent vermengt mit dem Unmut über eine szenische Darbietung, die dem Publikum nicht gefallen hat. Ich habe als Musiker immer wieder meine Tätigkeit als Theaterleiter angekreidet bekommen. Da sind dann die Beurteilungskriterien oft durcheinandergeraten. In solchen Momenten stand ich als Musiker vor dem Orchester, und es animierte das Orchester nicht gerade, den 2. Akt besser zu spielen, wenn es wußte, bisher ist alles hervorragend gewesen, aber man hat mich angegriffen, weil einigen Leuten die Szene nicht gefallen hat. Oder weil ich einen bestimmten Sänger nicht verpflichtet habe.

Da hat es ein Theaterleiter leichter, wenn er Manager und Verwaltungsmann ist und sich der Öffentlichkeit weder als Regisseur noch als Dirigent präsentieren muß. Er wird Vorhaltungen nur aus der Zeitung erfahren und nicht direkt während einer künstlerischen Betätigung erleben. Die Zeitung kann er wegstecken und sagen, es interessiert mich nicht, was da geschrieben steht. Oder er kann darauf antworten. Am Abend in der Oper aber geht das nicht. Wenn er in den Orchesterraum tritt, ist der Dirigent hilflos dem ausgeliefert, was aus der dunklen Anonymität auf ihn zukommt.

Ich will jetzt nicht rechten, von welchen Motiven sich die Münchner Kritiker immer wieder leiten ließen – oft ging es um Gesichtspunkte, die außerhalb dessen lagen, was eigentlich kritisiert werden sollte. Die lokale Kritik in München ist ein besonderes Phänomen, aber ich konnte mich in fast allen Fällen mit den großen Meinungsunterschieden trösten, die zwischen den Münchner Urteilen und den Urteilen aus anderen Städten und Ländern zu registrieren waren.

Ich erinnere mich an einen Ausspruch Wolfgang Windgassens, der viele Jahre in Bayreuth als *der* Heldentenor schlechthin auf der Bühne stand: »Wenn ich auf die Bühne gehe, weiß ich, daß mich fünfzig Prozent nicht mögen und fünfzig Prozent mögen. Wenn mich einundfünfzig Prozent mögen, dann bin ich schon glücklich, weil mich die überwiegende Mehrheit anerkennt. Das ist für mich das entscheidende.«

Meinungen müssen voneinander abweichen, jeder hat andere Vorstellungen, jeder kann nur mit seinen Augen sehen und aus seinen Einstellungen heraus die Dinge beurteilen. Nahezu jede künstlerische Äußerung kann es mit sich bringen, daß der eine von ihr fasziniert ist, der andere gleichgültig bleibt und der dritte sich abgestoßen fühlt.

Selbstverständlich gibt es große Unterschiede in der Begeisterungsfähigkeit. Das Publikum hat sich, glaube ich, im Laufe der letzten zwanzig Jahre verändert. Es ist, was kein Nachteil ist, kritischer geworden; verwöhnter freilich auch. Musikalisch gesehen hat es sich, dank der technischen Möglichkeiten, die man heute bei der mechanischen Wiedergabe von Musikwerken hat, einen Anspruch anerzogen, den dann jede Live-Aufführung stark zu spüren bekommt. Diese Art von kritischer Betrachtung unserer Arbeit hat aber sicherlich auch Vorteile, denn sie zwingt uns, noch konzentrierter, noch besser zu sein.

Was mich mit Stolz erfüllt, ist die Tatsache, daß in meiner Direktionszeit jeden Abend der Vorhang aufging. In allen vergleichbaren Theatern Europas werden spielfreie Tage zum Ausgleich von Überstunden oder zur Vorbereitung neuer Produktionen eingeplant. Bei allen unseren Sitzungen war dies für mich die Prämisse: den täglichen Spielbetrieb aufrechtzuerhalten.

Wie sich das in Zukunft entwickeln wird? Ich vermute, es werden auch in München offizielle Schließtage eingeführt werden müssen, um den gewerkschaftlichen Forderungen stattzugeben. Wir hatten jährlich eine Platzausnutzung von ungefähr 95 Prozent, eine Zahl, die auf eine hervorragende Besucher-Akzeptanz schließen läßt und auf das Bedürfnis der Münchner und der Gäste von außerhalb, täglich die Oper nutzen zu können.

TRAGIKOMÖDIE »BALLETT«

Die Münchner Oper hatte es sich immer zur Aufgabe gestellt, 320 Abende im Jahr als Minimum zu spielen. Jeden Abend den Vorhang aufgehen zu lassen, um Oper zu spielen, wäre illusorisch. Schon aus finanziellen Gründen. Man braucht also ein zweites künstlerisches Element, das wenigstens vierzig, fünfzig Abende bestreitet: das Ballett. Es kommt mit etwa neunzig Prozent weniger Gästen aus als die Oper. Man braucht das Ballett, um die Oper – entsetzliches Wort! – zu ersetzen. Ich sage deswegen »ersetzen«, weil es genau das ist, was dem Ballett an einem großen Haus immer im Wege steht: das Gefühl zu haben, Ersatz für die Oper zu sein. Wenn in der Oper niemandem mehr etwas einfällt, dann muß das Ballett herhalten. Wenn wegen einer plötzlichen Erkrankung, einer Indisposition die festgelegten Abläufe nicht funktionieren, dann sagt man: Spielen wir halt ein Ballett. Es ist der »billigste« Abend, denn von einer Primaballerina oder einem ersten Solotänzer abgesehen ist ja das Ensemble vorhanden!

Das Ballett lebt von der Beschäftigung. Ein Balletttänzer, dessen berufliche Laufbahn ohnehin wesentlich beschränkter ist, rein von der physischen Konstellation her, muß, damit er eine optimale Leistung bringt, wesentlich öfter eingesetzt werden als etwa ein Sänger, der nach jeder großen Partie zwei, drei Tage Ruhe braucht. Ich habe mich mit vielen Choreographen und Ballettmeistern unterhalten, die sogar behaupten, am besten sei das Ballett, wenn es jeden Abend auftrete, damit es immer trainiert ist.

Diese vierzig Abende, die das Ballett zu tanzen hatte, waren sicher zuwenig. Es hat immer Diskussionen darüber gegeben, daß einige Choreographen deswegen nicht nach München kommen wollten, zumindest gaben sie es als Grund dafür an. Ballett-Produktionen könnten, so wurde argumentiert, nie wirklich Repertoire werden, da sie nicht oft genug im Spielbetrieb erscheinen. Ballettdirektoren haben schon weit vor meiner Zeit häufiger gewechselt als die Ballettänzer oder sonstige Ensemblemitglieder in der Oper. Eines Tages hieß es dann, das Ballett genüge internationalen Ansprüchen nicht mehr. Auch dieser Vorwurf stammte bereits aus der Zeit von Rudolf Hartmann. So kam der Gedanke auf, das Ballett aus dem Gesamtbetrieb herauszunehmen.

Aber auch noch aus einem anderen Grund: Die Oper hat Vorlaufzeiten, die weitaus komplizierter und langfristiger sind als die des Balletts. Ballette, die nicht unbedingt an eine Geschichte wie »Dornröschen«, »Schneewittchen« oder »Schwanensee« gebunden sind, lassen sich auch auf einer nahezu leeren Bühne tanzen, denn das Ballett braucht freien Raum, um sich zu bewegen. Im Gegensatz zur Oper, wo die Dekoration niemanden behindert, sondern im Gegenteil notwendiger Klangraum ist. Das Ballett kommt also mit wesentlich kürzeren Vorbereitungszeiten aus. Dafür ein Beispiel. Sagt man einem Ballettdirektor, ich habe in zwei Jahren, im Oktober, eine Opernpremiere und im Januar eine Uraufführung, dazwischen brauche ich eine Ballettpremiere, was schlagen Sie vor? –, so wird die Antwort fast immer lauten: »Keine Ahnung! Ich kann mich heute noch nicht für einen Ballettabend in zwei Jahren festlegen.« Und er kann sich auch nicht festlegen, denn er weiß heute noch nicht, wie seine Truppe in zwei Jahren zusammengesetzt sein wird.

Das zu koordinieren ist sehr schwer. Da kam der Vorschlag, das Ballett aus dem Gesamtbetrieb herauszulösen und eine selbständige Staatsballett-Compagnie zu kreieren, die mit dem Opernbetrieb nichts mehr zu tun hat, unter der Voraussetzung, daß sie fortan siebzig Vorstellungen bestreitet. *Aber*, und jetzt folgt das große Aber: Wo tanzt das Ballett? Wieder in der Oper! Also ist es doch wieder ein Bestandteil der Disposition der Oper.

Jeder Ballettchef ist darauf aus, mit seiner Truppe auf Tournee, auf große internationale, ja interkontinentale Gastspielreisen zu gehen. Doch werden diese Gastspiele nicht im Dreijahreszyklus im voraus festgelegt, sondern allenfalls im Einjahreszyklus, und infolgedessen gibt es hier wieder ein Problem. Ich habe immer wieder gesagt: Wenn wir eine eigene Spielstätte für das Ballett finden, bin ich sofort dafür, ein Staatsballett zu etablieren, das unabhängig vom Haus ist. Die Tatsache ist aber nicht von der Hand zu weisen, daß die siebzig Abende, die das Ballett bestreitet, im Nationaltheater und Cuvilliés-Theater stattfinden und sich zwangsläufig nach dem Opernspielplan richten müssen. Also ist der Zwang genau derselbe wie vorher. Der Druck für das Ballett, wieder ein Notnagel zu sein, existiert nach wie vor. Ob dieses Ballett nun »Ballett der Bayerischen Staatsoper« oder »Staatsballett« heißt, spielt keine große Rolle. Solange dieses Ballett in der Oper auftritt, muß es sich den Zwängen des Opernbetriebs unterwerfen. Und der Betriebsdirektor wird nach wie vor sagen: Aufgrund der Verpflichtung für die sechzehn Abonnementsreihen brauche ich in diesem Monat fünf Ballettabende, im nächsten Monat acht Ballettabende, aber im übernächsten Monat, wo ich die Welturaufführung einer Oper habe, nur drei. Das Ballett bleibt in der Situation, immer gerade dann eingesetzt zu werden, wenn es die Opernabläufe erfordern.

Hinzu kommt noch ein anderes Problem. Wenn die gesamte Verantwortung für das Ballett, das Engagement der Choreographen, der Tänzer und Tänzerinnen, nicht mehr über den Schreibtisch des Staatsoperndirektors, sondern über den Schreibtisch der Ballettdirektion läuft – wunderbar; aber dann muß die Ballettdirektion auch die Verantwortung für die Qualität der einzelnen Abende übernehmen. Und dem widerspricht vollkommen die Geschäftsanweisung für den Operndirektor oder den Leiter des Hauses, in der es heißt, er sei künstlerisch für jeden Abend verantwortlich. Und wenn der Finanzrahmen des unabhängigen Balletts erschöpft ist? Dann kommt es doch wieder auf den großen Etat zu. Auch Dekorationen und Kostüme werden ja in den Opernwerkstätten hergestellt.

Ich habe meinen anfänglichen Widerstand aufgegeben, aber gleichzeitig gesagt: Wenn ich nicht mehr mitbestimmen kann, möchte ich auch nicht mehr die Verantwortung tragen. Das hat sich inzwischen gut eingespielt. Ich bezweifle allerdings, ob heute wirklich bedeutendere Choreographen in München arbeiten und ob alles besser ist als früher. Der Ballettetat ist aufgestockt worden. Konstanze Vernon hat eigene Ballett-Trainingsräume durchgesetzt, denn die Trainingsmöglichkeiten im Nationaltheater waren wirklich beschämend. Das Ballett wurde personalmäßig aufgestockt. Es hat eine Teilung in eine reine Ballettgruppe und eine in die Opernabende integrierte Opernballett-Gruppe stattgefunden. Das alles ist durchaus positiv geregelt und geklärt worden.

KUNST UND GELD

Es gibt das Wort eines bedeutenden Intendanten, den man gefragt hat, ob er mit den staatlichen Subventionsgeldern auskäme, und er antwortete: Der wäre ein schlechter Intendant, der mit dem, was man ihm zubilligt, auch wirklich zufrieden wäre. Das war nicht arrogant gemeint oder überspitzt formuliert, denn Kunst kostet Geld, unabhängig von den Persönlichkeiten, die sich der Kunst, in welcher Form auch immer, verschrieben haben.

Um zu einer wirklich künstlerischen Freiheit zu gelangen, die sich dann auch der Kritik der Öffentlichkeit und der Medien stellen kann, sollte man nicht immer entschuldigend erklären müssen: Eigentlich hätte ich viel mehr oder etwas ganz anderes ausdrücken wollen, aber es ließ sich leider nicht finanzieren – Geldmangel als Entschuldigung für nicht ganz durchgeführte Ideen, ein hinreichend bekanntes und häufig strapaziertes Procedere!

Natürlich sind die hundert Millionen Mark, die die Bayerische Staatsoper an Subventionen erhält, ein stolzer Betrag, aber welche Erfahrungen machen wir in unserem alltäglichen Leben: Alles wird teurer, und die hundert Millionen sind längst nicht mehr das, was sie einmal waren.

Mit den Subventionsgeldern wird nicht nur die Kunst bezahlt, die sich am Abend auf der Bühne artikuliert – es werden auch, und nicht zuletzt, handwerkliche Meisterbetriebe am Leben erhalten: die Schneiderei, die Schlosserei, die Schuhmacherwerkstatt, die Malerwerkstatt. In diesen Werkstätten arbeiten zwischen fünf- und sechshundert außergewöhnlich spezialisierte Handwerker, deren hochentwickelte Fachberufe erhalten werden müssen.

Ein großer Teil des Geldes ist von Anfang an durch Tarifverträge gebunden: Orchester, Chor, Ballett, Werkstätten, Bühnenarbeiter, Technik, Verwaltung. Nur etwa 18 bis 20 Prozent stehen für die eigentliche Produktion zur Verfügung, also für die Verpflichtung von Dirigenten, Sängern, Regisseuren, Bühnen- und Kostümbildnern, für die Abgeltung der Schutzrechte und anderes mehr.

Aber was bei dieser Rechnung immer vergessen wird: Beinahe ein Drittel der Subventionsgelder – etwa 30 bis 32 Millionen Mark – spielt ein Haus wie die Münchner Oper durch den Kartenverkauf wieder ein.

Ein Beispiel für den Ärger, den man haben kann, wenn man glaubt, für das Haus und für den Staat das Beste zu tun: Eine mit hochqualifizierten Sängern besetzte Vorstellung soll über die Bühne gehen. Wenn einer dieser Künstler ausfällt, kommt man in das Dilemma, kurzfristig einen möglichst ebenso hochqualifizierten Ersatz auftreiben zu müssen, um die Vorstellung zu retten. In den meisten Fällen gelingt dies auch, und die 150 000 Mark Einnahmen dieses Abends können fließen. Würde die Vorstellung ausfallen, weil ein Künstler nicht ersetzt werden konnte, müßten die 150 000 Mark an Eintrittsgeldern wieder zurückgezahlt werden.

Also setzt der Theaterleiter alles daran, den Abend zu retten. Er wird, wenn er keine andere Wahl hat, zum Beispiel versuchen, einen für die Partie geeigneten Sänger aus einer anderen Vorstellung in einem anderen Haus herauszukaufen, und er wird vielleicht zum Teil auch noch für die Folgekosten aufkommen müssen, die dem anderen Haus bei der Umorganisation entstehen. Man wird vielleicht eine Privatmaschine bezahlen müssen, weil die überraschend auftauchenden Terminprobleme des Gastes mit regulären Linienflügen nicht zu lösen sind. Das alles, um die 150 000 Mark, um den Abend in der Oper zu retten.

Nehmen wir an, die Operation Ersatzsänger geht wunderbar über die Bühne. Zwei Jahre später hat man aber trotzdem ein Problem: Der Rechnungshof rügt die überzogenen Kosten beim Engagement des Ersatzsängers, die Zahlungen an das andere Opernhaus, die Privatmaschine und anderes mehr.

Man sieht sich mit ungerechtfertigten Vorwürfen konfrontiert, weil man mit einer relativ geringen Mehrausgabe versucht hat, diesen Abend und die große Einnahme zu sichern. Vom Standpunkt des Prüfers aus stellt sich das im nachhinein ohne jede Dramatik dar, er kontrolliert die Rechnungen, die Umstände interessieren ihn nicht; er wird kein Verständnis für unsere Situation aufbringen – und mir selbst ging es nach zwei Jahren und über 600 Vorstellungen in diesem Zeitraum oft so, daß ich selbst nicht mehr genau wußte, wie, warum und welche Probleme vor langer Zeit zu lösen waren.

Mit welchen Problemen etwa hatte ich zu kämpfen, als wir uns entschieden, in der Schließzeit 1988/89 »Fürst Igor« in der Olympiahalle zu spielen! Es war ein riesiger Publikumserfolg, die berühmte Schwellenangst war wie weggeblasen, und die Menschen genossen das in dieser Halle ungewöhnliche Spektakel mit dem gewaltigen Aufwand. Doch dann beklagte sich der Rechnungshof, die Direktion habe versagt, weil das riskante Unternehmen nicht mit einem Gewinn, sondern plus minus null abgeschlossen wurde.

Theater zum Nulltarif? Der Oper wird immer wieder vorgeworfen, sie sei ein elitärer Betrieb, man könne mit der Badehose nicht hinein, die Preise seien extrem hoch – alles in allem: die Oper sei eine Institution für eine kleine Gruppe wohlhabender Spezialisten. Und dann kommt vielleicht gar noch die Forderung, daß sich jeder, der Lust habe, seine Karte zum Nulltarif abholen könne. Dies ist schon des öfteren – etwa bei den öffentlichen Verkehrsmitteln – versucht worden, aber die »Rechnung« geht einfach nicht auf. Dem steht die zeitlose Regel entgegen: Was nichts kostet, taugt nichts. Theater zum Nulltarif funktioniert schlicht nicht!

Auch das Argument: Nulltarif, weil dieses Unternehmen subventioniert wird, trifft nicht. Sonst müßte es längst schon das Fußballspiel zum Nulltarif geben, denn auch der Sport wird vom Staat subventioniert.

In anderen Ländern, an anderen Häusern – und ich kenne die Situation an der Mailänder Scala sehr genau – sind erstens die Subventionen höher als bei uns, und zweitens ist der Wiedereinspielungseffekt angesichts des Stagione-Betriebs weitaus geringer. Oper, Schauspiel, Film, die Dichtkunst, die Malerei – alle diese Künste gehören zum Leben einer Nation. Eine Kultur ohne Künste verdient die Bezeichnung Kultur nicht. Wir sind mehr denn je in Gefahr, uns im Materiellen zu verlieren.

Auf jedem Gebiet der Kunst ist der persönliche Einsatz, die persönliche Kreativität der einzelnen der wichtigste Träger des jeweiligen kulturellen Unterfangens, und es gehört zu den Verpflichtungen eines Staates, einer Stadt oder einer Region, sich finanziell zu beteiligen, auch dann, wenn nicht jeder Bürger jede dieser Künste für sich nutzt. Ich interessiere mich nicht sonderlich für Sport, das heißt aber nicht, daß ich mich gegen Sportförderung aussprechen würde.

MÜNCHEN – WIE WEIT LIEGT ES ZURÜCK?

Wenn ich heute in München bin, ohne die Belastung der vergangenen Jahre, kann ich mir endlich die Zeit nehmen, mir beispielsweise ein Schauspiel anzusehen, mit meiner Frau einmal einkaufen zu gehen, gemütlich durch die Stadt zu bummeln und sie neu zu entdecken. Unsere Geburtsstadt, unser Zuhause! Wir lieben diese Stadt. Wir haben sie in den 22 Jahren, in denen ich die Position an der Staatsoper innehatte, kaum mehr erfahren. Wann blieb mir schon einmal die Zeit zu einem Spaziergang, zu einem Museumsbesuch, zu einem Theaterabend? Der Einsatz für die Oper ließ zumeist nur noch einen fernen Blick auf das zu, was München ist.

Und wenn ich an der Bayerischen Staatsoper vorübergehe, ohne hineinzugehen? Es ist ein schönes, sehr beeindruckendes Gebäude. Und ich bin, wenn ich es sehe, froh darüber, daß es nach der Zerstörung an der alten Stelle und in der alten Gestalt, auch was den Innenraum betrifft, wiedererstanden ist.

Es ist (noch?) nicht so, daß ich sagen würde, etwas zwingt mich, hineinzugehen. Ich denke nicht mit Wehmut an das Vergangene.

Unser Heim in Grassau ist endlich zu einer Oase der Ruhe, des Ausspannens, des Nachdenkens geworden. Zwischen den festen Verpflichtungen, die nun an Konzertsäle außerhalb Münchens und meistens im Ausland geknüpft sind, habe ich mir in meinem Arbeitsplan Ruhepausen eingebaut. Zum erstenmal seit langem verfolge ich den Wechsel der Jahreszeiten in unserem Garten.

Meine München-Bilanz ist positiv. Die 22 Jahre waren ein wichtiger, vielleicht der wichtigste Abschnitt in meinem Leben. Möglicherweise werden rückblickend auch andere sagen: »Die besten zwanzig Jahre seines Lebens hat er dem Haus zur Verfügung gestellt!«

Ich glaube, ich habe die meisten Herausforderungen bewältigt. Daß angesichts der Probleme, mit denen heute alle Opernhäuser zu kämpfen haben, nicht jedes Ziel erreicht wurde, räume ich ein. Eine Gewißheit jedoch wurde immer bestimmender: daß sich die Kunst nicht immer mehr gewerkschaftlichen Zwängen und anderen Restriktionen unterwerfen darf, sondern daß sie auf allen Gebieten frei sein muß. Wenn Spontaneität verboten wird, weil die Probenzeit abgelaufen ist, wenn ich einen für alle Beteiligten und im Ergebnis positiven Impuls nicht wahrnehmen darf, weil unkünstlerische Einschränkungen dagegenstehen – dann ist etwas falsch in unserem Betrieb.

Ich plädiere nicht für Regel- und Ordnungslosigkeit, natürlich sind offene Probenzeiten nicht immer möglich – aber ich glaube, daß man in einem künstlerischen Betrieb zu freieren Formen der individuellen Beteiligung kommen und von enggesteckten Normen absehen muß. Die Bürokratie mit ihren Einschränkungen muß abgebaut werden zugunsten unserer wahren Aufgabe: das zu tun, was im Sinne der Kunst erforderlich ist.

SIEBZIG JAHRE

Der Autor im Interview mit Eckhart Schmidt

Siebzig Jahre – was bedeutet für Sie dieses Datum?

Ich verbinde damit keine besonderen Einschnitte oder Aufgaben. Philadelphia ist eine Herausforderung. Daß sie mit der Vollendung meines 70. Lebensjahrs auf mich zukommt, ist ein Zufall. Beim Anblick der Zahl 70 hoffe ich nur, daß ich über dieses Datum hinaus noch aktiv tätig sein und weiterhin so viel Freude an dem Beruf empfinden kann, wie es jetzt der Fall ist.

Ein »magisches Datum« ist es nicht. Das behauptet man ja auch vom 65. Geburtstag, dem Zeitpunkt, an dem man sich normalerweise in den Ruhestand zurückzieht. Von Dirigenten sagt man ohnehin, bis zum 70. Lebensjahr seien sie Anfänger, dann begännen sie, »weise« zu werden und in »Geheimnisse« einzudringen, die ihnen zuvor nicht bewußt waren.

Wie würden Sie sich an diesem Punkt Ihres Lebens charakterisieren? Was bewegt Sie? Wer sind Sie?

Ich bin einer, dem die Musik seit frühester Kindheit zum wichtigsten Bestandteil des täglichen Lebens wurde. Selbst im Urlaub, wenn mir nach einer harten

Spielzeit der Sinn danach steht, von Musik, Theater, Oper und Konzert nichts mehr wissen zu wollen, kann ich mir nicht vorstellen, nicht irgendwann eine halbe Stunde ans Klavier zu gehen und eine Clementi-Sonate oder Chopin oder Schubert zu spielen, nur um wieder die Verbindung zur Musik herzustellen. Diese halbe Stunde gibt mir mehr als die Beschäftigung mit anderen Dingen.

Ich bin einer, der durch die Verschiedenartigkeit der Musik leicht in Stimmungen kommen kann. Und ich bin einer, der sich bis zum heutigen Tag auf jede Probe, die ich mit einem Orchester und einem Sänger habe, auf jeden Liederabend, den ich begleiten kann, auf jede Kammermusik, bei der ich mitwirke, freut. Ich brauche die Musik, um leben zu können.

Wie würden Sie Ihre Stärken und Schwächen definieren?

Vielleicht, und das hat man mir auch in der Position als Leiter des Hauses manchmal zum Vorwurf gemacht, bin ich jemand, der nicht bei jeder Gelegenheit spontan entscheidet, um das Ergebnis dann morgen zu bereuen. Ich versuche bei notwendigen Entscheidungen, jede sich daraus ergebende Konsequenz im positiven wie im negativen soweit wie möglich in meine Überlegungen einzubeziehen, wie ein Schachspieler, der seine Züge vorauszudenken versucht. Ich weiß genau, was ich will – aber es dauert eine gewisse, manchmal für den Außenstehenden lange Zeit, bis ich zu einer Entscheidung gelangt bin; dafür stehe ich dann aber später zu ihr, weil ich weiß, alle Möglichkeiten in Betracht gezogen zu haben.

Eine andere Schwäche: Ich fresse alles in mich hinein. Ich bin keiner, der explodieren kann, um sich alles, wie man so schön sagt, von der Seele zu reden, von der Seele zu schreien. Ich gerate oft in Rage, aber nicht nach außen hin.

Das quält mich manchmal, denn wenn man sich gegenseitig »anpfeifen« könnte, wäre die Luft hinterher wieder rein. Ich bleibe da sehr introvertiert und mache vieles mit mir selber aus. Gelernt habe ich das auch in Japan. Es gehört zum japanischen Lebensstil, nie die Haltung zu verlieren, nie plötzlich loszubrüllen, immer zu versuchen, die Kontrolle zu behalten.

Es dauert sehr lange, bis ich zu jemandem Vertrauen habe und mich einem anderen gegenüber so öffne, daß man sagen könnte, uns verbindet Freundschaft.

Ich bin auch einer, der bei wichtigen Arbeiten lieber alles selber machen will, weil ich fürchte, ein anderer macht es vielleicht nicht ganz so, wie ich es mir vorstelle...

Eine meiner Stärken ist vielleicht die kontrollierte Beobachtung von Gegebenheiten, bevor ich mich selbst dazu äußere. Ich glaube, daß ich aus den Beziehungen zu anderen Menschen sehr viel profitiert habe, auch für mein eigenes Leben, und kaum enttäuscht worden bin, weil ich mich anderen gegenüber eher zurückhalte.

Eine Stärke ist auch, und darüber bin ich sehr froh, daß mir im Zusammenhang mit meiner dirigentischen Tätigkeit, mit meiner musikalischen Arbeit, nichts zuviel ist. Ich habe nie geklagt, wenn in einer Woche drei, vier oder mehr der unterschiedlichsten Vorstellungen auf mich zugekommen sind. Da ich immer wieder mit Freude und Begeisterung an meine Arbeit gehe, glaube ich, daß sich diese Freude auch auf andere Menschen überträgt, denn sie spüren, es macht mir selber Spaß. Ich bin sehr froh, daß ich diese Kraft besitze.

Disziplin gehört in den Augen vieler mit zu Ihren hervorstechendsten Qualitäten. Was ist der Preis für diese Disziplin?

Ich würde nach einer besonders geglückten Aufführung gerne noch mit den Hauptbeteiligten zusammen sein. Ich tu's nicht. Eine Einschränkung, die mir die Disziplin auferlegt. Was während eines solchen Abends an Emotionen hochgekommen ist, kann ich nicht zu einer Entspannung führen in dem Sinne, daß ich sage: Setzen wir uns noch zu einem Bier zusammen, oder gehen wir noch irgendwohin etwas essen. Ich gehe nach jeder Aufführung, nach jedem Konzert so schnell wie möglich nach Hause und versuche, zur Ruhe zu kommen, zu schlafen. Und wenn ich nicht schlafen kann, dann möchte ich für mich allein sein und mich noch mal mit dem Werk beschäftigten, das ich gerade dirigiert habe.

Wie sehen Sie Ihre Perspektive – nicht als Musiker, sondern als Privatperson?

Ich freue mich eines jeden Tages. Im Prinzip bin ich ein eher positiver Mensch, kann aber auch sehr negativ reagieren, wenn es um Kleinigkeiten geht. Vielleicht hängt mein grundsätzlich positives Denken damit zusammen, daß ich mir im Alter von siebzig Jahren sage: Jeder neue Tag ist ein Geschenk, und ich möchte das Beste daraus machen. Ich wünsche mir, jeden Tag noch bewußter zu genießen, jeden Tag das Bestmögliche zu leisten, ohne der Sklave des Berufs zu werden.

Manchmal wünsche ich mir, ich hätte mehr Zeit, um mit meiner Frau noch mehr von der Welt zu sehen, denn oft ist es doch so: Man ist überall gewesen, aber man weiß lediglich, wie der Flugplatz, das Hotel und der Konzertsaal aussehen.

Was fehlt Ihnen mit siebzig noch an der Weisheit, die nach siebzig Jahren beginnen soll?

Was mir an Weisheit fehlt? Mir in meinem Arbeitsplan mehr freie Tage zu gestatten und nicht mehr so oft »umzufallen«, um den Wünschen von Kollegen, Orchestern und Opernhäusern nachzugeben, bei ihnen zu dirigieren. Oft verbaut mir diese Nachgiebigkeit ein Leben, das ich immer mehr als »eigentlich« empfinde. Zwischen zwei Engagements acht Tage Zeit zu finden, den Horizont zu erweitern – ich hoffe, zunehmende »Weisheit« läßt mich immer häufiger solche Prioritäten setzen.

Wenn Sie heute zurückblicken – welches waren in Ihrem Leben die glückhaftesten, welches die unglücklichsten Momente?

Wenn ich auf die Jahrzehnte meines Lebens zurückblicke, empfinde ich es als einen der glücklichsten Momente, daß ich nicht als Soldat an die Ostfront mußte. Ein Glücksmoment war auch, daß ich schon vierzehn Monate nach meiner Rückkehr aus der Kriegsgefangenschaft mit der praktischen Arbeit in Augsburg beginnen und mich so am Wiederaufleben der Kunst und der Musik beteiligen konnte. Es bedeutete für mich sehr viel, mithelfen zu dürfen, die zerstörte Kultur, die zerstörte Theaterlandschaft wiederaufzubauen.

Das Engagement in Bayreuth, die Zusammenarbeit mit Wieland und Wolfgang Wagner war eine andere entscheidende Station: In den sechs Bayreuth-Jahren habe ich sehr viel gelernt. Ich habe großartige Künstler kennengelernt und Verbindungen menschlicher und künstlerischer Art geschlossen, die mich bis zum heutigen Tag begleiten.

Ein Höhepunkt war sicher, als geborener Münchner mit der musikalischen und später auch mit der administrativen Leitung der Münchner Oper betraut zu werden.

Auch Japan, das ich im Jahre 1964 zum erstenmal besuchte, das Kennenlernen dieses Landes, des NHK-Orchesters, dieser anderen Mentalität, hat mein Leben nachhaltig geprägt und verändert.

Heute hoffe ich, daß sich die Verpflichtung nach Philadelphia als Glücksfall erweisen wird – im Augenblick jedenfalls betrachte ich sie so.

Der größte Glücksfall in meinem Leben aber war sicher die Begegnung mit meiner Frau. Wir kennen einander jetzt seit über fünfzig Jahren. Unser Zusammenleben ist auch ein Zusammendenken, das ich jeden Tag aufs neue schätzen lerne.

Und die Enttäuschungen, Frustrationen und Katastrophen? Vielleicht bin ich ein Glückskind. Ich bin an einem Sonntag geboren …